上手にほめる技術

齋藤 孝

角川新書

はじめに

「ほめ言葉」は人生を変える

「ほめる技術」の需要は高まる一方です。

人と人との接し方が、以前よりデリケートになり、人間関係に起因する問題やトラブルが増え、「人を傷つけない言葉」「問題を起こさない言葉」、さらにもう一段上の「人を励ます言葉」が求められるようになりました。

皆さんも、人を育てるに当たり、頭ごなしに叱りつけるのではなく、ほめたほうがいいということはご存じかと思います。しかし、実際に上手に人をほめることは出来ていますでしょうか？　お世辞やお追従になったり、皮肉めいてしまったり、上手に相手をほめられた、と自信を持てることは、あまりないのではないでしょうか。

ほめるのがいいとわかっていても、「上手にほめる」のは案外コツがいるものです。

ここでは、相手をただほめるのではなく、「上手にほめる技術」を学んでいきたいと思います。上手なほめ言葉は、必ずしも技巧をこらした表現である必要はありません。**ごくふつうのフレーズでも、使い方次第で効果が上がります。**タイミングもとても大事です。唐突にほめるとぎこちなく、伝わりにくいので、相手の言葉が返ってきたところに戻す形でほめると、流れがよくなります。

ほめ言葉には、人間関係をよくしていくための型があります。上手にほめることによってほめる側の人間性も練れて、上機嫌になり、不機嫌の影をふり払うことができるのです。

私も元は不機嫌な時もけっこうある人間でしたが、教員になり、審査員やコメンテーターの仕事を引き受けるようになって、ほめ言葉の練習をする機会が増えました。

そして、人をほめればほめるほど自分の機嫌が良くなることに気付いたのです。

自己肯定力の弱さを支える

ＳＮＳの発達も、ほめる技術の需要増に関係しています。

知人がアップした記事に対して「いいね」のボタンを押すのが当たり前。互いに「いいね」をすることが人間関係における〝プラスマイナスゼロ化〟、貸し借りの相殺で「いいね」がなければ落ち込み、「いいね」をしてくれない人をマイナス評価してしまう、そんな時代です。

どうも私たちは、自分で自分に自信をもつことができず、自己肯定力が弱くなっているようです。他者の承認を強く求める人が、増えているのです。

昭和の時代には、「お前は何をやっているんだ！」「辞めちまえ」「親の顔が見たいよ」といった雑でお決まりの罵声《ばせい》が、会社でも学校でも当たり前のように飛び交っていました。そういう言葉を浴びせられた側も、聞いている側も特に驚かない、ある意味ワイルドな時代だったのでしょう。平成の時代には、このような表現は人を傷つけるという意識が社会で共有されるようになり、言葉遣いは次第にソフトになりました。

こうした傾向は、大学で授業をしていても強く感じられます。

以前は人目などまったく気にしない生徒が多かったものですが、今はそういう生徒はまずいません。**自分がどう評価され、他人にどう見られているかに、非常に神経質です。**見ていて心配になるほどの過敏さです。こうした時代の傾向を変えるのは、なかなか難しいものがあります。

では、どのように対処すればよいのでしょうか。

まずはとにかく相手をほめて、自己肯定力の弱さを支えてあげる必要があります。ほめれば、モチベーションが上がり仕事も学習も効率が良くなり、人間関係も自然とうまくいくようになります。こうしたやり方を、「ほめるべきではない人をほめるのか」と問題視する人もいますが、現実的に世の中の空気は、「ほめられないとやる気が出ない」になっているのです。


これまでの人生で一度も誰かをほめたことがない、ほめ言葉を安売りしたくないという人もいるかもしれませんが、今はもうそんな時代ではありません。

ほめるのが苦手だと、人間関係を構築していくうえでマイナスになるだけです。

組織では、中間管理職は**いかに部下をさりげなくほめて、モチベーションを上げられるか**が問われる時代です。正当に評価し、ダメなところは注意するというこれまでのやり方では、相手に真意が伝わらなくなっているのです。

お世辞がうまければいいのか？　と思う人もいるかもしれません。そうではありません。

ヘタなお世辞は、すぐに本心ではないことがバレてしまいます。ただのお世辞だと思われてしまえば、「この人は自分のことを何もわかってない。口先だけの人だ」と決めつけられてしまいます。

ほめたくても、どうほめていいかがわからない、ほめるところが見当たらない。

そんなふうに思う人、思うケースもあるはずです。

そこで求められるのが、技術です。ほめるにも鍛練が必要です。

私は四十年近く教育学に携わってきました。

教育学の肝はまさに、「ほめ方」にあります。

クラスに四十人児童がいれば、算数のできる子もできない子もいます。できる子はほめ、できない子はほめないでいいのかといえば、そうではありません。

できない子に対しても、何かしらほめられるところを見つけ、ほめる。

それが教師の役割です。

今の社会においては、教師に限らず誰もがこうした素養を身につけなければならないのです。

意志をもって、ほめどころを探す

人をほめるときにまず必要なのは、**ほめどころを探そうという「意志」**です。

次に大切なのは、**どこをほめればいいかを見つける「観察力」**です。相手を常日頃からよく観察して、変化があったら見逃さない。そこがスタート地点です。

その人を他の人とはくらべず、**個人としての変化や成長という視点で考える**のがいいでしょう。

クラスやグループで一番ではなくても、個人としての成績が上がっているならほめる。「先週にくらべてレポートのまとめ方がすっきりしたね」「見出しの付け方がうまくなったよ」などと、「一部分」をほめればいいのです。人をよく観察していれば、何かしら変化は見つけられるものです。

私の教え子で、教師になった学生はたくさんいます。中学校で教えている若い教師もいます。彼が習字の時間に「このハネは素晴らしい！　みんなも見習うように」と、不良と呼ばれている生徒を二度ほめたところ、この生徒は「本格的に書道を習いたい」と言いだしたそうです。

そういう変化や成長を導くことができるのが、ほめ言葉です。

ほめ言葉とは、人を伸ばす光であり水です。

自分自身を思い返してみてください。学生のときにほめられたことは、そのときの状況までよく覚えているものです。二、三十年前のことでも、昨日のように思い出せるのです。ほめられることの快感は、それくらい強烈なものです。その日そのときだけのものでなく、**生涯のモチベーション**になることもあります。ほめ言葉の効力は、想像以上に大きいのです。

言葉は、その場限りで消え去るものではありません。印象的であればあるほど、長く残ります。

いい言葉だけではなく、悪い言葉もそうです。

小さいときに「キミは頭が良くない」と言われれば、ずっと引きずり、そう思い込んでしまうと、大変な重石《おもし》になってしまいます。そのコンプレックスから脱却するには、多くのエネルギーを使うことにもなるのです。

ほめられずに育った子は、大人になって世間から良い学校に行っていると思われたり、社会的に成功したりしても、自分に自信がもてない人が多いようです。

昭和の中頃までは、心を鬼にして厳しく注意することが、相手の将来を考えたやさしさ、スパルタ指導こそがしつけだと思われていました。

しかし、今の若い人たちにそんな言葉を投げつけたなら、すぐに心が壊れてしまいます。**うっかり部下や生徒の心を傷つけただけでもハラスメントとして問われる時代**です。

絶対に踏んではならない地雷があちこちに敷き詰められている中で、どうすればいいか。まずは「相手にとって何が地雷か？」を把握しておくことです。

もちろん個人差があるので、誰の地雷も踏まないようにするなら、**「人にとってマイナスなことは絶対に口にしない」**と決めることです。

そのうえで、できるだけほめる。そういう姿勢でいることが、地雷を除去するのと同じ意味をもちます。

技化と語彙力

実をいうと私は、かつてはかなり攻撃的な言葉を使う人間でした。相手の論理的な穴を徹底的につくことを芸のように思い、言い負かすことを趣味のようにしていた時期もあったのです。それによって失った友達もいました。

後年、そんな自分がバカだったと思い知らされました。それからは、人の感情を害することは極力口にしないと決めて、「いかに人をほめればいいか」を考えるようになったのです。

人それぞれに感情があることを十分に意識したうえで、人をほめることを技にしていく。**「ほめることの技化《わざか》」**です。

そこに目覚めてからは、人間関係がずいぶんうまくいくようになりました。意識や観察力だけでなく、**「語彙《ごい》力」も大切**です。

基本的なほめ言葉を身につけておけば、とっさのときにもすぐに言葉が出てくるようになります。

たとえばだれかの手料理を食べたときに、いつも「おいしい」とだけ言うのではなく、「どうおいしいのか」と、味を表現するようにします。そのバリエーションが豊かになればなるほど、いいわけです。

すぐに使えるほめ言葉を、できるだけ多く身につけましょう。

この本では、七十八のほめ言葉を見出しとして紹介しています。

そのすべてを覚えて自分のものにしようと力む必要はありません。言葉によっては、これは自分には合わない、上品すぎる、などと感じるものがあるかもしれません。その一方で「これは使えそうだな」という言葉も必ず見つかるはずです。もし一つ二つしか見つけられなかったとしても、その言葉を見つけたことはあなたにとっての成果になります。

私がこう書くのも変ですが、それだけでも「この本を買った元は取れた」と考えていただいていいのではないでしょうか？　人間関係を良くするために投資をするのは非常に大切で、合理的なことです。


ほめ言葉はお金に換算できないプライスレスなものなのです。


ひとつの言葉が相手の心を動かすこともできます。

子供の頃、私が書いた作文に、先生が何カ所か波線を引いてくれ、最後にこう書かれていたことがありました。


「見事！」


私にとっては、人からかけてもらった**最高のほめ言葉のひとつ**です。

この言葉がすごく嬉《うれ》しくて、今も心に残っています。

こうした短いひと言が誰かを動かし、その人の人生を変えるかもしれません。

これからの時代は、自分自身の能力や結果だけでなく、**相手をやる気にさせるモチベー**

ターになることも大切です。

不機嫌なコミュニケーションは通用しません。

だからこそ、最高のほめ言葉を使えるモチベーターを目指してほしいと思います。

目次

はじめに……3
「ほめ言葉」は人生を変える……3
自己肯定力の弱さを支える……4
意志をもって、ほめどころを探す……8
技化と語彙力……10

第一章　ほめ言葉が「すっと」出るようにする……27
「ほめる」には二つの意味がある……29
ほめる、ほめられることに慣れていない日本人……31
ほめることの「セラピー効果」……32
ほめて人を育て、自分も伸びる！……34
「ほめ方」を技化する……35
「イエス・ノー・イエス方式」というテクニック……37

失敗や欠点もほめる……40
人生を歩みやすくする常備薬……41
「観察力」と「語彙力」……42
「不機嫌な言葉」は「不機嫌な体」から発せられる……44

第二章　よいコミュニケーションはほめ言葉から……49

ほめ言葉から始める習慣……51
「いいですねえ」のマジック……54
メールもイエス・ノー・イエス方式に……56
01　総合的な判断力がある……58
02　センスがいい……59
03　発想力がすごいですね……60
04　状況判断力が優れていますね……62
05　予測力があるね……64

06 ファンタスティック！……66
07 本質を摑んでいる……68
08 どうやったらそんなにできるんですか？……70
09 向上心があるね……72
10 私淑していました……74
11 ○○さんの下で働けて幸せです……75
12 ○○ご出身ですか？ いいところですね……76
13 まさにそうです！……77
14 あなたは○○に向いてますね……78
15 大変だったね……79
共感が「相手への贈り物」……80

第三章 四字熟語・慣用句で力強くほめる……85

ほめ言葉を「最高の贈り物」にする……87

16 百戦錬磨 ひゃくせんれんま…… 91
17 一騎当千 いっきとうせん…… 92
18 国士無双 こくしむそう…… 94
19 博覧強記 はくらんきょうき…… 97
20 泰山北斗 たいざんほくと…… 100
21 天空海闊 てんくうかいかつ…… 102
22 天衣無縫 てんいむほう…… 105
23 不撓不屈 ふとうふくつ…… 108
24 春風駘蕩 しゅんぷうたいとう…… 110
25 温厚篤実 おんこうとくじつ…… 113
26 気宇壮大 きうそうだい…… 114
27 剛毅果断 ごうきかだん…… 115
28 神韻縹渺 しんいんひょうびょう…… 117
29 面壁九年 めんぺきくねん…… 118

30 破天荒　はてんこう……120
31 八面玲瓏　はちめんれいろう……121
32 無私無偏　むしむへん……123
33 才色兼備　さいしょくけんび／さいしきけんび……124
34 比翼連理　ひよくれんり……126
35 呑舟の魚　どんしゅうのうお……127
36 懸河の弁　けんがのべん……128
37 眼光紙背に徹す　がんこうしはいにてっす……130
38 天を衝く　てんをつく……132
39 人後に落ちない　じんごにおちない……133
40 一頭地を抜く　いっとうちをぬく……135
41 快刀乱麻を断つ　かいとうらんまをたつ……137
42 板に付く　いたにつく……139
43 泥中の蓮　でいちゅうのはちす……140

44 謦咳に接する　けいがいにせっする……142
45 天稟　てんぴん……144

第四章　やまと言葉で、品よくほめる……145

「和の心」が生かされた、品のいい言葉……147
46 をかし……152
47 このうえなく……155
48 やんごとなし……157
49 お陰様……158
50 水際立《みずぎわだ》つ……160
51 えも言われぬ……163
52 惜《お》しむらくは……165
53 映《は》える……167
54 目もあや……169

55 見《み》目《め》麗《うるわ》しい……171
56 なよやか……172
57 かぐわしい……173
58 たおやか……175
59 懐が深い……177
60 いなせ……179
61 小気味好い……181
62 そつがない……182
63 折り紙つき……184
64 打てば響く……186
65 もったいない……188

第五章 文豪に学ぶほめ言葉……191

言葉の達人たちが残してくれた作品は「最高の教科書」……193

文豪も使っていたイエス・ノー・イエス方式……196
66 珍しさと品格の具わりたる文章と夫から純粋な書き振とにて優に朝日で紹介してやる価値ありと信じ候……198
夏目漱石が中勘助に宛てた手紙
67 おれは美人の形容などができる男でないからなんにも言えないがまったく美人に相違ない……200
夏目漱石『坊っちゃん』
68 一行を読めば一行に驚き一回を読めば一回に驚きぬ……202
正岡子規の樋口一葉評
69 彼という人間が凡そ次の様な場所に、僕を引入れて了った……205
小林秀雄『作家の顔』
70 私にとっての小林秀雄とは、耐えられぬほどの羨望の的であった…207
山本七平『小林秀雄の流儀』

71 小林秀雄を識りたければ、彼の全集を読むより途はない …… 209
青山二郎『小林秀雄と三十年』
72 自分自身でおありなさい …… 211
中原中也の書簡
73 忽ち天窓をひらいて爽やかな青空をみせてくれた …… 213
三島由紀夫の書簡
74 使命がおわったとき惜しげもなく天へ召しかえした …… 216
司馬遼太郎『竜馬がゆく』
75 かれの大きさとは、そんな程度のものではない …… 218
吉川英治『新書太閤記』
76 哲学的な省察は、君の今日の素敵な着こなしによく似合っている …… 220
村上春樹『色彩を持たない多崎つくると、彼の巡礼の年』
77 此の度は格別の御働き …… 223
向田邦子『父の詫び状』

78　彼女はまるで神様が美しくこしらえた人形のような端整な外見をしていた……225
吉本ばなな『TUGUMI』

おわりに……227

ほめること、感謝すること……227

参考文献……234

第一章 ほめ言葉が「すっと」出るようにする

「ほめる」には二つの意味がある

「ほめる」には、二種類あります。

漢字で使い分けると、「褒める」と「誉める」。

褒めるの「褒」は、褒美という語に使われるように、目上の人間が目下の人間の良い行為を称《たた》えること。

誉めるの「誉」は、名誉という語に使われるように、非常に高く評価することです。目下の人間が目上の人間に敬意を示す際には、こちらの「誉める」が当てはまります。

「褒める」が常用漢字なのに対して、「誉める」は常用漢字音訓表にない読み方なので、表記としては「ほめる」あるいは「褒める」が一般的です。つまり、字の違いそのものは意識しておく必要はありません。覚えておいてほしいのは、**誰に対しても同じほめ方をしていいわけではない**、ということです。

「ほめ言葉」のなかには、目上の人間が目下の人間に対して使うには適していても、目下の人間が目上の人間に対して使えば失礼に当たるものもあります。そういう意味では、「褒める」と「誉める」の違いを意識するべきなのです。もっといえば、男性にとってはほめ言葉になるのに、女性に対して使うと失礼に当たる言葉もあります。

そうした基本を理解しておくことは、社会人としての「マナーの問題」でもあります。


なぜ相手をほめたいのか？

その相手は自分にとってどういう存在なのか？

これらを意識してこそ、ほめ言葉は効果を発揮します。

・会社の中で、上司や部下との人間関係をうまく構築できるか？
・子供のやる気を引き出し、勉強やスポーツに意欲をもたせられるか？

そうしたことも、言葉ひとつで左右されます。目上の人間が目下の人間にかける言葉にも気をつかわなければ、パワハラとなり得ます。**相手との関係性に合わせて最低限の言葉の使い分けができなければ、常識がないと見られてしまいます。**


多くのことが、言葉遣いに左右されるのです。

しかし、難しく考える必要はありません。

どんなときにどういう言葉で相手をほめるかを考える「意識」と、実践の「基礎的な知識」「技術」を身につけておけばいいのです。

ほめる、ほめられることに慣れていない日本人

大学の授業では、学生同士で意見交換してもらうことがあります。

一人の発表に対して誰かが否定的な意見を口にして、場の空気が悪くなることを避けるために、相手を徹底的にほめてもらう場合もあります。教室の空気はもちろん良くなりますが、それでもしばしば、ある種のぎこちなさが生じます。

どうしてか。ほめようとする側がほめ上手でなく、ほめられる側はほめられるのに慣れていないからです。

国民性も関係するのかもしれません。家庭でも学校でも、他国に比べ、ほめる／ほめられる機会が少ないようです。日本人は謙虚さや辛抱強さを美徳としがちです。そういう歴史的文化的側面があるとはいえ、欧米文化が浸透し、インターネットを介して世界とつながっている現代、人は以前よりも、他者からの正当且つ良い評価を求めるようになっているのです。

それはつまり、**誰もが「ほめられたい！」と思っている**、ということです。

ですから、私たちは「ほめ言葉」への意識を高め、シチュエーションに応じたベストの

言葉を選択できるようにしておくべきです。そうすれば、なんだかうまくいかないなと思っている人間関係も、改善するはずです。

そのため、私は大学の教職課程の授業でも「ほめる練習」を積極的に導入しています。グループをつくって、互いにほめ合うようにするだけでも、実践的なトレーニングになります。**「相手のどんなところをどんな言葉でほめるか」を考えることが大切**だからです。

トレーニングの成果はすぐに出ます。授業の雰囲気だけでなく、塾でアルバイトをする学生からは、ほめるうちに生徒が勉強熱心になった、という声も聞かれました。

誰でもやはり、ほめられると一生懸命になるものです。

ほめ言葉がうまく使えれば、コミュニケーションは円満になります。職場や学びの場の空気も変わるため、仕事や勉強の効率に影響します。相手をほめるトレーニングを少し取り入れただけでも、顕著にそれがわかります。

ほめることの「セラピー効果」

相手をほめようとばかりしていては疲れるのではないか、と思う人もいるかもしれません。それは逆です。

人をほめれば、相手は嬉しそうな顔になり、場がなごみます。そうなれば、ほめたほうも自然に顔がやわらぎます。人が喜べば自分も嬉しいものです。

誰かをほめて、その人が気分を良くすれば、自分の気分も良くなる。

人をほめることは相手への奉仕というだけではなく、自分自身のセラピーにもなるのです。

無理なく相手を肯定できれば、自分の中の嫉妬《しっと》の感情をなくすことにもつながります。

人間は誰でも、多かれ少なかれ人を妬《ねた》む部分をもっています。

自分以外の人間を、簡単には認めたくない人は、気づかない間に、嫉妬にとらわれて、意地悪な行動をとりがちです。それが続くと、意地悪い人格が自分に沁《し》みついてしまいます。虚栄心をなくすためにも、むしろ技術として、積極的に人をほめる姿勢をもっておくのです。

できるだけ人をほめるようにしていれば、周りの人たちとの関係性が良くなるだけでなく、性格からカドが取れてストレスも緩和され、いいこと尽くめです。

人を笑顔にして、自分も笑顔になってください。

小・中学生は、先生にほめられると笑顔になり、「この教科が好きになった」と言うこともあります。私たち教師は、その笑顔を楽しみにして生きているともいえるのです。

ほめて人を育て、自分も伸びる！

「ほめられて伸びる人」と「叱られて伸びる人」とタイプは分かれるともいわれますが、本当にほめられて、嫌な気がする人間はいません。

なんでもかんでも思ってもいないことまでほめれば、相手も素直に受け止められないでしょうが、それはほめ言葉が極端すぎるか、適切でないかです。

一生懸命励んで上に行こうとするだけでも、人の能力は伸びていきます。学習でも仕事でも、教育が目指すべきは自発的努力です。新入社員の教育も、**「ほめて伸ばす」**ことを念頭において指導にあたるのがベストです。

新入社員がすくすくと伸びるだけではなく、教育係に就いた人間もまた、気持ち良く効率的に仕事をしようと、人間的成長をしますので、一石二鳥の成果が期待できます。

人が人をほめることで成長できるとすれば、頑《かたく》なに人をほめないようにしている人はどうでしょうか？　自分で自分の成長を止めることほど、もったいないことはありません。

「ほめ方」を技化する

具体的には、どういうほめ方がいいのでしょうか？

基本と応用があります。

「できるだけピンポイントで」

「できるだけ適切な言葉を選ぶ」

この二つがまずほめ言葉の基本です。

より相手を喜ばせるための応用は、**ほめることの「技化《わざか》」**です。

適切な言葉を選択するだけでなく、巧に相手を喜ばせる技術です。

私自身、自分がほめられたときに、「この人のほめ方はすごいな」と感心させられることがあります。たとえば、テレビ局内で私に挨拶《あいさつ》してきた、あるタレントのマネージャーさんです。

その人は私に気がつくと、挨拶のあと第一声で「先生、そのネクタイはスタイリストに選んでもらっているんですか？」と尋ねてきたのです。私にはスタイリストがつかないので、「いえ、これは自前です」と答えると、「えっ、すごいですね。素晴らしいです」と驚く顔を見せてくれました。お世辞かもしれませんが、悪い気はしません。

私のもとを離れていくときも、一緒にいた人に対して「あのネクタイのセンスはいいですね。とても似合っていますよね」と話していたのです。

私に聞こえることを意識したかはわかりませんが、お世辞ではなく本気で感心してくれているのかな、と感じられました。

そこまで計算しているとすれば、高等なテクニックです。計算抜きだとすれば、「天性の人たらし力」ともいえそうです。

どちらにしても、こちらは嬉しくなったのだからいいわけです。

こういう方法もあると気がつけば、今度は自分で実践です。人を手本にしながら、ほめ方を学ぶ意識をもてば、引き出しは自然に多くなっていきます。

相手をもちあげるだけではなく、お互いに認められるところを認め合うのが、ほめる技術の理想です。言う自分が気分を害するようなほめ方はしなくてよいのです。

上手にほめなければならない、ということを難しく考え始めると、立ち止まってしまいますから、まずはワンフレーズでほめる訓練をしましょう。

他人にストレスを与えず、自分がストレスを溜《た》めないためにも配慮が必要です。場に応じた配慮もあれば、人に対する配慮もあります。

テレビの世界では、「歯に衣着《きぬ》せぬ物言い」を売りにしているコメンテーターもいますが、実際のところ、そういう人は非常に繊細な衣を着ています。そうでなければ、共演者や関係者の多いテレビの世界でずっと仕事をし続けられるはずがありません。歯に衣を着せていないように演じているだけなのです。裸のように見えても、シースルーの衣をまとっているようなものです。

日常的にも、**人に対する配慮は常に必要**です。

人が気にしているだろうことは、思わず言いたくなっても口にしないでおくべきです。

「イエス・ノー・イエス方式」というテクニック

あの人にはほめたい部分もあるけれど、注意しておきたい部分もある。そういうケースもやはりあります。

そんなときには、注意したい部分、相手にとって耳が痛い部分から話を始めたり、終えたりせず、その逆にします。

相手にとって気持ちのいいことから話し始めて、注意は途中に挟んで、最後はまたポジティブな言葉で締める。

そういう順番を意識するべきです。

最初に言われた言葉と最後に言われた言葉は、強く印象に残るからです。

仮に、肯定が八、否定が二の割合になるような話をしたとしても、最初と最後が否定になっていれば、言われた側は「否定された」気持ちになるものです。それを避けるためにも、否定の二割は中間に挟むようにします。言いたいことを伝えても、悪い印象は残りにくくなります。それどころか、「この人は話したくないことも話してくれた」と、プラスに受け取ってもらいやすくなります。

こうしたやり方は**「イエス・ノー・イエス方式」**とも呼べます。

同じことを同じバランスで話すにしても、ノー・イエス・イエスの順番やイエス・イエス・ノーの順番で話すのと、ノー・イエス・ノーの順番で話すのをくらべると、相手の反応はまったく違ってきます。

私はこのことを弁護士の射手矢《いてや》好雄《よしお》先生に教えてもらいました。先生はこうしたやり方を交渉のテクニックにしていたのです。

インターネットでは本やCD、映画などに対する個人評価、レビューがあふれています。

多くの人が☆五つや四つをつけているのに、一人だけ☆一つにして「くだらない」とコメントしている場合もあります。そういうレビューを見ると、作品が良くないのかなと考える以前に「このレビューを書いた人は嫌われるだろうな」という印象をもちます。

私なら、同じことを言うにしても、☆一つではなく☆三つか四つにしたうえで、書き方の工夫をします。

「この点は非常に素晴らしい。しかし、この部分がもうひとつだったので、その点が残念でなりません。次の作品では○○を期待できる内容です」

このような書き方にすれば、印象はまったく違います。ここでもイエス・ノー・イエス方式が生かされるのです。

いいところなどまるでないと思うような作品に対しては、そもそもレビューを書かなくていいはずです。

何人かが☆五つにしているとすれば、作品を気に入っている人がいるのです。あえて人を嫌な気持ちにさせる必要はありません。何も書かないでおくか、今、例に挙げたような配慮のある書き方をするのがベターです。

ネット上のレビューなどに限らず、身近な人に改善してほしい点を伝えたいときも同じです。

直してほしいところは、ほめ言葉のオブラートに包む。

そうすれば、相手は傷つきにくいだけではなく、言われたことを納得して、積極的に直そうとしてくれるものです。

失敗や欠点もほめる

慰めとほめ言葉は近似性が高い、と覚えておくのもいいでしょう。

失敗した人に対しては、**「この失敗を次につなげればいいんですよ」「あなたならできます。次を期待しています」**など、励みになる慰めを心がけましょう。

私は、第一志望の大学に落ち、私が教鞭《きょうべん》をとる明治大学に通うことになった学生に対してこう言います。

「挫折《ざせつ》があれば、一生、謙虚な人間でいることができます。何事も望みどおりに進んで思い上がってしまった人物より、あなたのほうが社会でずっと必要とされる存在になります」

このように**マイナスに見える部分にプラスを見出《みいだ》すことも大切**です。

ある小学校の先生は、漢字の書き取りが遅い子に「〇〇さんはとても丁寧に書いていて、いいですね」と声をかけるそうです。こうしたささやかな言葉がきっかけとなって、国語が苦手だとコンプレックスをもつことなく、もっと頑張ろうと前向きな気持ちが生まれてくるものです。

人生を歩みやすくする常備薬

心理学者の河合《かわい》隼雄《はやお》さんの著書『こころの処方箋』（新潮文庫）には**「うそは常備薬　真実は劇薬」**という言葉が書かれています。まったくそのとおりだと思います。

大抵の人は、周囲の人とうまくやろうと苦心して、多くの時間を費やしています。その負担を減らすためには、時として嘘をつくのもいい。ただ、この常備薬を使いすぎると中毒症状が出て、見え透いた嘘になることもあるので、そこには気をつけたほうがいい、と河合さんは言っています。嘘ばかりついているわけにはいかないので、真実を話すことも大切です。しかし真実は劇薬で、使い方を間違えると大変なことになると理解したうえで、真実に嘘を交ぜるのもいい、ということです。

嘘というと言葉が強くなりますが、お世辞や慰めもここに含まれると考えてください。「嘘も方便」と言いますが、**心のない嘘は罪でも、相手を思いやる嘘は別**です。

必要に応じてそういう言葉を使うことで、人間関係が円滑にいく場合も多いのです。

人に対して攻撃的な言葉を畳みかけることが多かった私は、そのことに気づくのが非常に遅く、四十歳を過ぎた頃でした。それまでは自分が本当だと思うことを口にするのが正しいと思い込んでいたので、それが原因で人間関係をぎくしゃくさせていたのです。なんでもかんでも本当のことを言っているから、相手を嫌な気持ちにさせ、摩擦が起きて、嫌われてしまう……。そう気づいて、ようやく意識を変えました。

自分でも愚かだと思いました。頑なにならず、もう少し器用に立ち回れば、相手に不必要な不快感を抱かせることもなかったのです。

「観察力」と「語彙力」

まだつき合いが浅い人と、カラオケに行ったとします。相手の歌がかなりヘタでも、「歌がヘタですね」とストレートに口にする人は少ないはずです。欠点を指摘すれば、大抵の人は気を悪くするし傷つくと想像できるので、真実を口にしない、それが気づかいです。そうしたときには、どう対応したらいいでしょうか？

「いい曲ですよね、僕も好きです」と、歌唱力とは関係なく、歌そのものをほめるのもひとつの手です。誰だって好きな曲を選んで歌うものなので、自分の好きな曲を好きだと言ってもらえれば、悪い気はしないからです。

また、「心がこもった歌い方ですね」、「いい声ですね」などと、歌がうまいかヘタかとは少し視点をずらすのもいい方法です。

工夫してほめればよいのです。

メールの文章も機会が作りやすく、ほめやすいものです。「嬉しかった」「元気が出ました」「モチベーションが上がりました」と、自分の方の変化を示すことは、相手の言葉への返礼になります。直接会って話しているときは言葉が上手でなくとも、メールはうまい人がいます。引っ込み思案で自分を前に出せない人は、文章がいいケースが多いので、そこを引き出すのが良いと思います。

コロナが落ち着いてカラオケや飲み会、キャンプなどに行くことができれば、ほめる機会も増えます。飲み会だと元気になる、才能が発揮される人もいます。そのパワーをほめる。最近ではセリフ回しや声がいい学生が増え、「喋《しゃべ》り方がいいね」「演技がいいね」というのもほめやすい点になってきました。**ほめどころがたくさんある場を増やし、それぞれができることをやってもらうと和やかになります。**

仕事の能力だけで付き合うのではなく、才能を発揮できる場があるとよいので、自分を開示することができたほうが場がやわらかくなります。

「不機嫌な言葉」は「不機嫌な体」から発せられる

人に対して嫌な言葉を口にするのは、不機嫌なときが多い。あるとき、私はそう気がつきました。だとすれば、人に会うときには、不機嫌にならないように注意すればいい。

私の場合、早起きしたときや寒いとき、お腹が減っているときやお酒を飲みすぎたとき、眠くなっているときに嫌な言葉を口にしやすいのです。それなら、対策を立てられます。

朝早くにはできるだけ人に会わないようにする。体を冷やさないようにする。お腹が減りすぎないようチョコレートなどの糖分のある携帯食を持っておく。お酒は飲みすぎないようにして、眠くなる前に引きあげる。そのように、注意すればいいのです。

不機嫌な言葉が不機嫌な体から発せられるのであれば、不機嫌な体にならなければいい。上機嫌な体からは上機嫌な言葉が発せられるのですから、できるだけ上機嫌な体でいられるようにするのです。

人に会う前には、ちょっとジャンプするなどして体を温めて、心をほぐす。そんなことを意識するだけでも、ずいぶん違ってきます。

日頃から上機嫌でいれば、誰に対してでもやさしい言葉がかけられます。たとえばタクシーに乗っているときなどでもそうです。

ドライバーさんのなかには、できるだけ近道を選んで、車線変更などもうまくやりながら、すいすいと目的地に着くようにしてくれる人もいます。タクシー料金というのは基本的に時間と距離の併用制で算出されるので、距離を短縮し早く着けば、料金は安くなります。タクシー側にとってはマイナスなのに、客の利益を優先してくれているのです。

それに気づいたときは「車線の選択が絶妙でしたね」「おかげで早く着いて助かりました」などと、ひと声かけましょう。同じドライバーさんと会うことは二度とないかもしれませんが、相手の職業的な倫理観に感心したときは、ほめておく。そうすれば相手も気分がいいし、相手がニコッとしてくれたならこちらも嬉しくなります。笑顔が**お互いにとっての元気回復剤になる**のです。

心を言葉で伝えるのは、人にとって大切な行為です。

人をうまくほめるポイントは、どこをほめればいいかを見つけられるかどうかにかかっています。

人と会うときに、うわの空でいるのではなく、相手の言葉によく耳を傾け、相手をよく観察していれば、それほど難しいことではありません。

映画評論家の淀川長治《よどがわながはる》さんが、「ほめるところが見つけにくい映画をどうほめるのか？」と問われて、こう答えたことがありました。

「なんでもほめられますよ。たとえばあのトイレがよかったと言ってもいいんです」

そういう姿勢をもつように心がけておけば、あとは**語彙力と応用力**です。できるだけ多様なほめ言葉を知っておけば、確実にプラスに作用します。

人と摩擦を起こしやすいままでいるか、人を笑顔にすることが多いかという違いは、実人生への影響が想像以上に大きく、生きていくことの楽しささえ変わるのです。

いつどんなときでもほめ言葉を口にできるように、人をほめる意識を強くして、語彙を増やす努力をしてください。

現代では、相手のスマホの中に写真や資料など、ほめる材料がたくさん入っているので、それを見せ合うのも、ほめる機会を増やす方法です。個人情報、プライバシーが重視される時代ではありますが、それを気にするあまり自分を閉じてしまうと、話のとっかかりがなくなります。ほめる側も、どこか自分に穴を開けておくと、雑談が成立しやすくなります。いわば、ネタを用意しておく、ということですね。

推しをほめると、間接的にその人をほめたことになりますから、**趣味をオープンにするのは、会話の貴重な架け橋です。**年齢が離れていても、おススメを素直に訊《たず》ね、それを自分も愛《め》でてみて、感想を伝え、趣味をほめるところまでいけば、コミュニケーションの垣根はぐんと下がります。

ほめ言葉は、十年も二十年も心に残って感謝をされることがあり、効用が非常に大きいものです。

昨今、ネットの発達によって、謙虚で自信のない人が増えたように感じます。SNSにより、人間関係が海のように広がったことによって、「上には上がいる」と感じる「無限の上位互換」というべき状況が発生しています。自分なんてこの程度に過ぎない……と、相手と自分を比較して卑下してしまったり、逆に人気が序列化、可視化されたことで、自信過剰になったりと、勘違いを生む原因にもなっているようです。インターネット以前は、自分を他人と比べるにも比較する対象の数は大して多くはなかったのです。

自己卑下は聞いている側が気持ちよくありません。一方、自画自賛をする人についても否定されがちですが、私は自画自賛は、エネルギーの自給自足、手間がかからないエコシステムだと思っています。人に励ましてもらうのは、他人のエネルギーを必要としますが、自分で自分をほめる分にはそれすらも必要ありません。

人に手間をかけさせない、というのも一つのマナーです。

自尊心を高め合うためには、段階的にチャンスを広げることも大切です。

私の教えていた学生に、教員になりたいが人前で話すのが苦手という人がいました。そこで、みんなで考えることにしたところ、彼女はイラスト付きのプリントの作成がとても上手だとわかりました。そのプリントを介してしゃべることで、自然としゃべりの技術もついてきて、今は立派な教師になっています。自分に対しても、ダメ出しを早くしすぎないことです。自尊心を高めて次のステップへいきましょう。

それだけでも、人生を変えることができます。

第二章　よいコミュニケーションはほめ言葉から

ほめ言葉から始める習慣

人に会ったときにはまずほめる。

そのためにも常日頃から相手や状況を問わず「ほめる態勢から入ること」を心がけておくべきです。

挨拶の次にはとにかくほめる。それによって相手の心のガードを解くことは「人間関係の握手」のようなものです。

たとえば出張先や旅先で人に会ったとき、「ここは本当にいいところですね」、「前にも来たことがあって、また来たいと思っていたんです」などと言うだけでも、相手の心をひらくことができます。

地方の人は、自分の住む地域に対し郷土愛とともにコンプレックスをもちやすいので、地元をほめてもらえれば嬉しいものです。相手の出身地がわかったときには「○○がおいしいそうですね。いちど行きたいんです」などと声をかけるだけでもいいでしょう。

反対に、出張先などで「交通が不便ですね。着くまでに嫌になってしまいました」などと言ってしまえば、最悪です。それだけで相手との関係は終わってしまう、といえるくらいです。

出会ったとき、最初にどちらの言葉をかけるかで、状況は正反対になります。

地方に限らず、相手の会社を訪ねたとき、ふだんはあまり行かない駅周辺で待ち合わせするようなときには、約束の時間より早めに着くようにして、辺りを少し歩いてみるのもおすすめです。そうすれば、話のとっかかりとして、「駅前に○○の銅像が立っているんですね。ちょっと感激しました」などと話せます。

こうしたところに時間と労力を割いても、相手との関係性がうまくいけば、甲斐《かい》があったといえるはずです。


相手と会うのが初めてではない場合、**前回会ったときのことから話を切り出すのを習慣化**するのもいいでしょう。

「お久しぶりです」「ご無沙汰《ぶさた》していました」で終わらせてしまうのではなく、「前に教えてもらったことが、すごく役立ちました」、「勧めてもらった映画を見ましたが、本当におもしろかったです」などと続ければ、相手の顔には笑みが浮かぶはずです。前回どんな話をしたかを覚えてもらっているだけでも嬉しいのに、感謝の気持ちを伝えられたら、喜びはさらに大きくなるものです。

何か頂き物をしていたり、食事をご馳走《ちそう》になっていたりしたら、あらためてもう一度、お礼を言うべきです。相手の心尽くしがそれだけ印象に残っていると、相手に示すことができます。

〝時間差のお礼〟は、ほめ言葉と同じような効果をもちます。

とにかく最初の印象は大切なので、**挨拶のあとに受け身にならないようにする**、と自分で決めておきます。

わずか二、三秒のひと言でも、十秒から三十秒の雑談で、何かひと言でも付け加えられるか否かで、大きな違いが生まれます。

教師をやっていれば、かつての教え子と再会したときには「久しぶりだね」だけではなく、「すっかり社会人らしくなったね」「スーツが似合うね」と成長を喜ぶ言葉を付け加えます。

教師に限らず、**ひと言付け加えるのを習慣化**すればいいわけです。

卓球でいうところの「三球目攻撃」のようなもの。回転のかかったサーブを打てば相手のリターンはあまくなるので、そこで決め球を打ち込みます。

こちらの「久しぶりだね」がサーブ（一球目）、「お久しぶりです」がリターン（二球目）だとすれば、次のほめ言葉（三球目）で相手の心を摑《つか》みにいくのです。

攻撃と書くと誤解されそうですが、そのようなテンポで人と接することを、体に覚えさせておくのがいいという意味です。

「いいですねえ」のマジック

今回の本では、ほめ言葉として使える「慣用句」や「四字熟語」、「やまと言葉」なども紹介し、語彙力を増やしてもらいたいと考えています。

それ以前に意識してほしいのが、スタンスです。

人をほめる意識を、高めておくことです。

そのためにも、第一声は大切になります。

ほめる態勢から入ることを徹底するためにも、**「いいですねえ」「すごいですねえ」といった言葉を枕詞《まくらことば》にしてしまう意識**をもっておくようにします。

単に「いいですねえ」だけでは何のことかわからないので、もちろん状況に合わせてアレンジします。

どこか「ほめポイント」を見つけて、話が本題へ入る前に、とにかく何かしら相手をほめておくのです。

「いつもオシャレですけど、今日のスーツもいいですねえ」などと言葉をかけるのは、よくあるパターンです。

つき合いが浅い場合に、軽く相手をほめれば、軽薄だという印象を与えてしまうこともあります。その点は注意して、相手との関係性で、どういう言葉をかけるかを考えるのがいいでしょう。

「お元気そうですね」、「最近の活躍ぶりはすごいですね」といった言葉であれば、英語でいう「How are you?」にも似た常識的な社交辞令だといえます。こうした社交辞令を、単なる社交辞令で終わらせないよう、感情のこもったほめ言葉にできればいいわけです。

慣れるまでは難しいかもしれませんが、**とにかく挨拶のあとにはポジティブな言葉をかけるのを忘れない**ことを意識しましょう。

メールもイエス・ノー・イエス方式に

相手にとって耳が痛いことから話を始めるのは避け、まずは相手にとって気持ちのいい話から始める、そんな「イエス・ノー・イエス方式」を心がけるべきだと前章で書きました。

最初に相手の心を摑んでしまえば、ネガティブな要素を含んだ話もしやすくなります。

部下に注意をするときも、頭ごなしに叱れば、「あんなに怒らなくてもいいじゃないか」、「いくらなんでもひどい上司だ」という印象をもたれやすくなります。

たとえ、明らかなミスを注意する場合でも、結果逆効果となってしまい、「部下からよく思われていない人」と自分の評価が落ちてしまう場合もあります。そんな事態を避けるためにも、注意の仕方には気をつける必要があります。

まずは「今回の件は大変だったね。よく頑張ったと思うよ」といった言葉から始めて、「あの点は、不運だったけど、問題点がクリアになったのはかえってよかったかもね」と続ける。そこから具体的な問題点を指摘していく際にも言葉は荒らげず、どこに問題があったかをわかりやすく伝えていくべきです。

メールなどでも似たことがいえます。

業務連絡の場合でも、書き出しには気をつけます。「お世話になっております」や「お疲れ様です」から始めるのはマナーなので、それに続ける言葉に気を配ります。次の一行に「○○さんのおかげで楽しく仕事ができています」、「いつも○○くんの頑張りには助けられています」といったひと言を付け加えておくことを、心がけます。

それでは、身に付けておくとよい具体的な「ほめ言葉」を見ていきましょう。

01　総合的な判断力がある

特に取り上げてほめるべきストロングポイントがなく、自信を持っていない人に対しては、「総合的な判断力がある」と言ってみてはいかがでしょうか。人には向き不向きがありますが、**自信がない人ほど、トータルに見てほめどころを探すのが近道です。**

逆に全体としてはほめにくいが部分的に光るものがあるタイプの人には、ストロングポイントに絞ってほめるのもよいでしょう。

ほめどころが色々ある場合は、一つ優れた長所を取り上げ、それを優先順位的に高い能力として価値付けをします。「あなたは慕われていますね」というのは、人をほめる時には相当高い価値を持つ言葉です。多少欠点があったとしても、その長所が、光となって闇を照らすのです。

02　センスがいい

「筋《すじ》がいい」とともに、たいへん使い勝手の良いほめ言葉です。文章や読解といった学習でも、ファッションや芸術など趣味の面でも、ビジネスの場であっても、「センスがいい」と言われるのは、嬉しいものです。中学時代の私は、コーチから「テニスセンスがあるね」と言われただけで、やる気が湧きました。名詞にセンスを付け「読解センスがあるね」「音楽センスがいいね」というほめ言葉は、万能です。

筋やセンスは、感覚です。いわく言い難い何かがその人に備わっているということで、数字で立証できるような評価軸ではありません。「企画センスがいい」などと言われたら、誰でも自然とやる気が出るものです。

03　発想力がすごいですね

発想をほめるのは、相手のクリエイティビティへの評価です。

これからは仕事は単に事務作業としてこなせればよいのではなく、クリエイティブであることが価値を持つ時代です。

クリエイティブな能力は、点数で測れるものではありません。クリエイティブだとこちらが感じ、それを拍手してほめる姿勢が大事です。「発想が利益を生む」「発想がトラブルを解決する」などと、文脈を繋《つな》げれば話も広がりますから、ほめやすくなりますし。

ほめるには、タイミングが重要です。改まって言うより、相手に光る部分を感じた瞬間、その場で反応するのがよいのです。即座にリアクションを返す「リアクションぼめ」の習慣をつけましょう。

「え、すごい」はシンプルな言葉ですが、感動を直《じか》に伝えることができます。しかしそれだけでは弱いので、ほめ言葉というよりも相槌《あいづち》のように受け止められてしまう可能性があります。そこから一歩進んで、何をすごいと感じたのかを伝えましょう。

「クリエイティブですね」「発想力が素晴らしいですね」と一言、「すごい」の中身をブレイクダウン（細分化して落とし込む）する。その間に、繋ぐ言葉を考えます。

相手を承認する言葉は具体的であるほど、心に残るものです。

04　状況判断力が優れていますね

状況判断はレベルが高い能力ですから、言われると嬉しい言葉です。社会人として優れていることを表わしますし、当事者としてリスクを取って行動したことを評価されたと伝わります。

私の職場にも、トラブル処理を任せるときれいに解決する人がいます。状況を判断して理解して、問題の本質を言い当て、それを解いて時系列で文章にしてまとめるところまで、完璧な技術を持った人です。状況判断も説得力も優れているのです。

もちろん「人間性が優れている」ということもできますが、「人間性」は一般的すぎて若干使いにくい言葉です。「社会性がある」「協調性がある」は、上の人から下に向かって評価する時には便利な言葉遣いですが、下から上に向かっては言いにくいものです。

「情報処理能力が高い」「コミュニケーション力が高い」は、いずれでも使用が可能で、今の時代にフィットしたほめ言葉ですね。時代に合った人間という自信に繋がる言葉です。

私の同僚には、学生の答案の採点が速く確実な人がいて、その仕事っぷりは毎年見るたびに「倍速だね！」とほめてしまいます。

表舞台に立たず裏方に回りがちな事務方に、速くて正確な人が多いと感じますが、そういう相手には「よくこの短時間で作業をできましたね」「スピード感に驚きました」「段取り力がありますね」と声をかけると人間関係がスムースになりますし、あなたのお願い事を気持ちよく聞いてくれるようになるかもしれません。「仕事のテキパキ感すごいですね」などという擬態語を取り入れた表現も、伝わりやすいでしょう。

「段取り力があるね」は、子ども相手にも使える言葉で、勉強の準備がいい子に使うといい影響が出るものです。

05　予測力があるね

予測する力も大事な能力の一つです。

よく、公共トイレに「きれいに使っていただきありがとうございます」という貼り紙がありますが、あれは使う前に目に入るものです。今現在の使用の仕方にお礼を言っているだけではなく、「これからもきれいに使ってくださいね」という未来に向けたメッセージでもあります。ほめがこれからの在り方へのメッセージとなっています。

先行きを見通すのがうまい人には、予測力、見通し力を評価するのが効果的です。**「先が見えているね」「先取りできているね」**と言うのもよいでしょう。

堅実な人に対しては、「しっかりしている」を言い換え、**「フォローがいいですね」「ミスが少ないですね」「確かめがよくできているね」**と守備力をほめるとよいでしょう。

守備力がある、安心して任せられる、というのは、とても大きなほめポイントです。

私の職場にも、その人に見せるのが最終審査ともいうべき事務方がいて、いつもミスをチェックしてくれます。**「鉄壁のディフェンス力ですね」**と、私たちはほめています。スポーツの比喩《ひゆ》も伝わりやすいですね。

性格上、攻めの姿勢が得意で、リスクを冒しても前に進むフォワード体質の人には、「アグレッシブですね」と評価しましょう。

人間関係は、承認プラスリクエストがよく、否定しながらリクエストをするのでは、誰に対しても受けがよくありません。

現代の日本社会で問題だと思うことの一つに、「一定以上の年齢の人をほめない」という傾向があります。中堅以上の人、年配の人を直接ほめるのは失礼、或《あ》るいはもう十分なキャリアがあるので当人をほめる必要はない、と思われているのでしょうか。

このため、仕事のできるベテランほどほめられない、という流れができてしまっているように感じます。責任者でも上司でも中間管理職でも、ほめることの効用は立場や年齢にかかわりません。ほめられずにリクエストばかりでは、メンタルにダメージが出かねません。

よい仕事をしたと感じたら、即座に、具体的な箇所を取り上げてほめるのがよいでしょう。ほめる際には、「あ、」と一呼吸入れると、「そういえば」と気づいた感じで自然な流れをつくることができます。

06　ファンタスティック！

私は英国の劇場、ロイヤル・ナショナル・シアターでレッスンを受けたことがありますが、その際にとても効果的だと思ったフレーズが、「ファンタスティック！」です。ほめられた側だけでなく場も明るい気持ちになります。仮に具体的なほめどころがない場合でも、このフレーズは使えます。

英語にはほめフレーズが多いので、大変参考になります。私は英語の先生になる人のクラスも担当していますが、強いワンフレーズがたくさんあるので、よく授業にも取り入れています。

「グッジョブ」「ナイス！」は日本でも一般的に使われるようになりました。「あなたならできる」を意味する「You can do it!」や、I love で始まるフレーズもよく使います。I メッセージは大変有効で、「私は（あなたの）ここが好きだ／私にはこう見える」と伝えることが可能になります。これも現代的に合う表現です。

その他にも「エクセレント」「ゴージャス」「パーフェクト」というフレーズも使えます。

「パーフェクト」と言われると、達成感が湧き、不思議なくらい嬉しくなります。その気になって勢いが出るものです。

想定していた以上のもの、という意味で「アンビリーバブル」、少しおかしみを加える言葉としては、「アメージング」「キュート」「マーヴェラス」「アウトスタンディング」「スーパースペシャル」などという表現もあります。

「オーサム」（素晴らしい）「ディーセント」（品がいい）「ファンシー」（素敵）「スーパー！」（すごい）辺りも、使いこなせるとカッコいいですよね。

それが求めていたものなんだよ、を表す「THIS IS IT」はマイケル・ジャクソンのドキュメンタリーのタイトルで、「エンタテインメントとはこのことだ」という意味だと思いますが、それだ、を表す「That's it!」とともに、使えるワンフレーズです。「それでいいんだよ」という承認も、一種のほめ言葉と捉《とら》えてよいでしょう。

07　本質を摑んでいる

画家のピカソは、描く対象物の本質を摑むのが非常に速い芸術家でした。見ている対象のどこを描けば絵になるか、その本質直観を描き起こすことに優れていたのです。

「本質を摑みますね」「核心をついていますね」も、相手の批評眼やセンスをほめる表現です。料理やファッションのセンスのいい人は、見聞きした経験の中から本質を摑みだすのが上手な人です。

相手のアイディアや考えの独自性を評価したい場合に、「興味深い」と言ってしまうと少し微妙です。これは流されているのかほめられているのか、悩ましい表現です。より応援してくれている感じが伝わるフレーズは、「立っている」でしょう。

立ち加減が群を抜いているときは、「凄味《すごみ》がある」「迫力がある」も使えますし、「ラディカルだね」という言葉には、根本的であり革新的であるという意味が含まれるので、斬新さを評価するときに有効です。

センスをほめにくい場合は、「直観力がすごいね」「コメント力あるね」「刺さりますね」

とコメントをほめるように心がけると、ほめる機会が非常に増えます。言葉をコメントとして評価するのです。テレビに出演するコメンテーターはコメントを職業とするので、キレのいいフレーズを言って当然なのですが、このテレビレベルのコメント、お笑い世界のノリツッコミに当たるものが、昨今ではお茶の間に下りてきて、ふつうの人のコミュニケーションの中にまで持ち込まれるようになりました。

キレのいいコメントは評価に値するので、「その表現はピンときた」「批評眼がすごいね」「的を射ている」と応答するのもよいでしょう。「ピンときた」は、ぼんやりしていたものがくっきりと見えてくることですから、非常に良いほめ言葉です。

08　どうやったらそんなにできるんですか？

質問、アドバイスを求める形で、相手をほめる方法もあります。素直な気持ちの発露ですから、アプローチがしやすくなります。相手をほめる際に、自分を卑下する必要はありません。卑下は相手を疲れさせます。「私にはセンスがないから」「才能がないので」と言いがちですが、素直に**「コツはありますか？」**と訊《き》くほうが自分のためにも、相手をほめることにもなります。

「才能がない」と思っている人は、自分で自分の可能性を限定し、自信がない状態ですが、その人に向って「そうだよね」というわけにもいきません。できていない部分を浮かび上がらせるのではなく、できている部分、ストロングポイントをほめましょう。そういう人は、才能がないのではなく、「才能を発揮した記憶がない（忘れてしまった）」のです。

私は学生の言動を鮮明に覚えている方ですから、「自信がない」という学生にもたいがい過去にほめるべき点があることを知っています。

心理学者のチクセントミハイが「フロー体験」という概念について言っていたことです

が、人はスキルとチャレンジのバランスが良いと、やる気が出るのです。そのチャレンジがミッションになり、結果になるので、ほめる前段階として「適切なミッションを設定する」があります。**チャレンジとミッションの設定の妙が、指導者のセンス**と言えるでしょう。

私は学生に、「各教科内容の本質を三十秒で説明して」という課題を与え、さらにそれを「コウメ太夫《だゆう》でやって」、「あたりまえ体操でやって」と話題のお笑いの要素を取り入れてリクエストを出します。そんなの恥ずかしくてできない、という学生も必ずいますが、中にはミッションをクリアして、実に上手にコウメ太夫でテーマを演じきる人が出てくるのです。そうすると、出来なかった人は出来た人に引っ張られていき、自然とできる雰囲気が醸成されていきます。

課題の設定は相手の力を引き出すのにとても大事なポイントです。設定の際にハードルを上げておくと、出来ても出来なくても全員をほめることが可能になります。私は「アインシュタインの重力波をコントにして」「論語をコントにして」など、敢《あ》えて課題設定を「無理ゲー」にしています。そして、トライしただけで拍手するルールを作っておきます。そうすると、チャレンジする側も失敗が怖くなくなるのです。

09　向上心があるね

相手が向上心を持っていることを評価するのもよい方法です。

「向上心あるね」「前回よりよくなっているね」というのは、相手の進歩への評価ですから、結果が十分でなかった時にも使いでのある言葉です。

「あの後どうなった?」と訊いて、相手が失敗していた時にも、「それはそれでよかったね」「乗りこえたね」「経験値あがったね」「よくクリアしたね」「成熟したね」「こなれてきたね」とフォローができます。

ただほめるのは誰にとっても難しいので、質問からほめる、というパターンもあります。「どうやって見つけるの?」「きっかけはなんだったの?」と、目の付け所やプロセスを質問にします。

そこから、「詳しいですね」とプラスして質問する。少し具体の情報を入れて会話にすると、コミュニケーションを導き出すことができます。

相手のワールドを評価するというのも大事なポイントです。

相手の愛でるものを聞き出して、ハマっているものについてちょっと掘ると、何かしらほめどころが出てきます。

エピソードトークが出てくるような質問をし、ハマり具合を聞き、相手の知識に驚くことも、ほめの一つです。

すごく好きなものを地図のように書きこんだものを私は「偏愛マップ」と呼んで、おススメしています。

お互いの偏愛を知っていれば、雑談が盛り上がります。

自分が偏愛しているものに共感してくれて、ほめてくれれば、自分がほめられたようにうれしいものです。

自分の趣味の良さ、センスの良さがほめられているように感じるのです。

10　私淑していました

第一声の基本は相手を称えることです。相手が目上のときなどは言葉遣いや態度にも、常より気を配るべきです。「私淑していました」という言葉は、〝ひそかに尊敬して模範とさせてもらっていました〟という意味なので、「師」や「先生」、尊敬に値する人に対して使うのに、とても適した言葉です。少しだけ上の先輩などに対して使うと、「なにを大げさな」と返されかねませんが、相手の活躍ぶりをずっと見聞きしてきた場合には、敬意を表わす言葉になります。

尊敬の意を示すこと、自分を下に置いてへりくだることは、相手をほめるのに近い意味をもちます。四字熟語・慣用句編ややまと言葉編でもそのための言葉を紹介しますが、大切なのは相手を持ち上げる姿勢です。日頃から相手を立てる意識をもっておくようにすれば、見出しのような言葉が自然に口に出るようになります。

11　○○さんの下で働けて幸せです

仕事先で使う言葉です。新入社員が初めて配属された先でいきなり上司に向かって口にすると、相手の働き方を知らない状況で少し不自然な感じですが、相手の業績が誰の眼にも明らかな場合には、敬意の表明になります。〝上司になってもらえて嬉しい存在〟というのは、最上のほめ言葉です。

応用も利きます。仕事を依頼した際に、「一緒に仕事ができて光栄です（嬉しいです）」と伝えれば、そのひと言で相手との距離がぐっと縮まります。

自分が目上（上司）の立場であれば、「あなたのように優秀な部下を持つことができて嬉しい」という言い方ができます。相手のキャリアに応じて、言い方は変えます。相手が新入社員であれば、「どれだけ頑張ってくれるか、楽しみにしているよ」と成長を期待し、ある程度のキャリアがある中堅社員には、「噂は聞いているよ。一緒に仕事ができて嬉しいよ」などと、使い分けるようにします。

12　○○ご出身ですか？　いいところですね

先にも書いたように、相手の出身地を話の切り口にするのも有効です。初対面の人と話をする際は、互いに相手を知ろうと手探りの会話になることが多いものです。年齢や学歴などは、気になっていても聞きにくいことがあります。そうした質問を失礼に感じる人もいます。しかし、比較的聞きやすいのが出身地です。「岩手ですか、僕は盛岡《もりおか》には行ったことがありますが、自然が豊かですよね」などと具体的に話を展開していけば、相手は自分の出身地ですから、喜ぶことが多いものです。

趣味についても同様です。好きなプロ野球チームなどを聞いて、ライバルチームと知って険悪なムードになるのは避けたいところですので、相手に合わせます。相手チームの主力打者などから話を展開していけば、すぐに打ち解けられます。選手名を挙げるなど、できるだけ具体的に相手の好きなチームをほめたほうがよい。それは映画、音楽、本など、なんでも同じです。自分が好きなものについて他人が知っていて、またその対象を評価されるのは、誰でも嬉しいものです。

13　まさにそうです！

自分の故郷や趣味が認められるのは嬉しいですが、自分の意見が認められたときには、当然さらに嬉しいものです。相手が話している際に「まさにそうです」といった言葉を挟めば、同意や賛同となり、相手は自分自身が認められたと自覚できるものです。この人とは気が合う、趣味が合うという印象をもつでしょう。ただし、乱発すると調子よく聞こえますので、気をつけましょう。

「そうです、そうです」「まったくそのとおり！」「ですよね」という言葉を口癖にしている人は、人づき合い上手で、いい意味での〝人たらし〟である場合が多いようです。口癖とは気づかれないほうがいいとはいえ、相手の気分を良くすることは、人づき合いの基本です。

14　あなたは○○に向いてますね

「この仕事に向いていますね」、「あなたはテニスに向いているから、すぐに上達すると思いますよ」などといった言葉は、いろいろな場面で使えます。その時点ではまだ、結果を出せるほどの能力がない人に対しても、〝将来が期待できます〟という意味合いで口にできるからです。

実際に素質のあるなしにかかわらず、使えるわけです。無責任だと思われるかもしれませんが、こうした言葉は何かを始めた人への励ましのようなものです。これから頑張ってほしいという期待の表われ、相手の将来に向けてのほめ言葉です。

「私のどういうところが向いているのでしょうか？」と聞き返された場合は、いい加減には答えられません。相手がどういうタイプであるかに応じて、「まじめな性格が合っている」、「根気が求められる仕事だからね」、「集中力が高い人は上達が早い」などと答えるのがいいでしょう。能力より性格面を理由にすれば、答えやすくなります。

15　大変だったね

教える立場、指導する立場であれば、漠然と「頑張れ」というのではなく、常に相手に課題を与えていくというやり方もあります。厳しめの課題を設定すると、クリアしたときには、「これだけの課題をこなすのは大変だったね」とねぎらうことができます。「よく頑張ったね」「誰にでもできることではないから立派だよ」、という言葉は、そのままほめ言葉になります。「ほめて育てる」方針をとりたいときはまず、課題を与えます。そうすれば、ほめるポイントも自然に生まれます。

大学で教えている経験から、「課題は少し厳しめに与えクリアした場合にほめる」というやり方は、学生を伸ばす基本だと感じます。人が学習するプロセスはさまざまですが、〝安心できる環境で、厳しい課題をこなしていく〟のが、もっとも成長しやすいパターンといえます。課題に集中しやすい環境の中で「課題を達成する↓ほめられる↓また頑張る」となるのが、理想の流れです。

共感が「相手への贈り物」

とにかく最初に相手をほめる。

これを意識することは、非常に大切です。

たとえば結婚式の友人挨拶。まずは「おめでとうございます」と言うのが常識です。

笑いを取ろうとして新郎の失敗談などを話していながら笑いが取れず、式場を凍りつかせてしまったりすれば救いがありません。結婚式で話していいのか微妙なエピソードを交えながらほめていくやり方もありますが、そうしたスピーチは難易度の高い芸です。

そんな危ない橋を渡るよりは、シンプルにほめるべきです。「本日はおめでとうございます」と最初に言ったあと、すぐに「新郎は非常に優秀な人間で……」とほめ言葉を続けるのがいいわけです。

結婚式ではなくても、**挨拶をしたら、次には相手をほめる。相手が喜ぶ言葉を口にする。**

そう決めておけばよいでしょう。

「意識には常に志向性がある」と哲学者のフッサールは言っています。わかりやすくいえば、片思いしている人の気持ちはその相手に集中して向いているように、意識は常に、興味のあるものに向けられやすいということです。

相手がフィギュアスケート好きなら、「そういえば、羽生《はにゅう》くん、プロになって、東京ドームで滑りましたよね？」などと水を向けるのもいいでしょう。その人の意識は、そちらに向いているはずだからです。


相手の関心事に自分も関心をもっておく。


そうすれば挨拶に続いてスムースに話ができ、相手の気分を良くできます。純粋なほめ言葉ではなくても、同じ効果があります。

努力も必要です。誰にでも関心事はいくつかあるので、それをなるべく覚えておくようにすれば、自然に相手の趣味や関心に合わせて話を展開していくことができます。

自分の関心事を覚えておいてもらえることは、ほめられるのと同じように嬉しいものです。


共感の意を表わすことは〝相手への贈り物〟のようなものです。

ほめなければならない。どうほめればいいんだろう……と意識しすぎて重荷に感じられ、なかなか適切な言葉を口にできない人もいるはずです。あまり考えすぎず、相手の好きなことを口にすれば、相手の顔はほころびます。それだけで贈り物になるのです。
ほめる、という言葉にとらわれすぎる必要はありません。

共感する、励ます、支える、背中を押す――。

そうしたすべてが贈り物になります。

「人の一生は重荷を負うて遠き道を行くが如し」という徳川家康《とくがわいえやす》の遺訓があります。誰もがそれぞれの難題を抱え、悩みながら自分の道を歩んでいます。人からちょっと背中を押してもらえれば、それだけでも嬉しいものです。進路や仕事、結婚などといった重大事はもちろん、趣味に共感してもらえただけでも後押しされた気持ちになります。難しく考えすぎず、どんなに小さなことでも相手を応援してあげられたならそれでいいのです。

言葉の贈り物にはいろいろなパターンのものがありますが、「共感」がもっとも簡単なうえに汎用《はんよう》性が高いといえます。

ほめ言葉の例として「まさにそうです！」を挙げましたが、**相手の言葉に対して「わかります！」と返すだけでもいいのです。**

アダム・スミスは『道徳感情論』という本の中で、**人間の共感できる力が、社会の基盤**

になっていると共感力を重視しています。

子供であれば、場の空気を読まずに「裸の王様だ！」と口走っても許されます。こんな存在も時に必要ですが、大人が皆、状況を見ずに「王様は裸だ！」と言いだしてしまえば、関係はギクシャクしてしまいます。社会を成り立たせる基盤も、人間関係をうまくいくようにする基盤も共感力です。

第三章　四字熟語・慣用句で力強くほめる

ほめ言葉を「最高の贈り物」にする

四字熟語や慣用句は、「語彙力」の判断基準になる要素です。

四字熟語は言葉としての響きや座りがいいので〝贈り物にしやすい言葉〟です。

多くの四字熟語や慣用句を、状況に応じて適切に口にできれば、それだけでも評価はあがります。

たとえば知人のお子さんが高校に合格したとき、「先が楽しみですね」と言ってもいいわけですが、「前途洋々ですね」と言えば、また印象が違ってきます。

座右の銘にもなるので、紙に書いて壁に張っておくこともできれば、Tシャツに言葉をプリントすることもできます。

「首尾一貫」とTシャツにプリントすればサマになりますが、「始めから終わりまで筋を通す」とプリントするのは微妙です（それはそれでおもしろいという見方もあるかもしれませんが……）。

実際に、高校時代の文化祭で「伏竜鳳雛《ふくりょうほうすう》」とプリントしたTシャツをクラスで作ったことがありました。伏竜鳳雛とは、まだ世に知られていない大人物や有能な若者をたとえる言葉なので、自分たちはこれから世の中で活躍していくという気持ちを示したわけです。
四十年経っても思い出せるということは、それだけ言葉の力が強いということです。

四字熟語には難しいものもあるので、口にしても相手にわかってもらえないときもあります。しかしあまり気にする必要はありません。「えっ？」と聞かれた場合には、説明をすればいいのです。

「伏竜鳳雛とは、まだ伏せている竜と、おおとりの雛《ひな》のことで、三国志の劉備《りゅうび》に仕えた二人の軍師のたとえです。そのうち伏竜は無名時代の諸葛孔明《しょかつこうめい》です。まだ名前は知られていなくても、すごい能力をもっているということですよ」というように、説明そのものが贈り物になります。

私は以前、『頭がよくなる四字熟語力』という本を出したことがありました。この本は少しひねったもので、辞書に載っている一般的な解釈にこだわらず、自分なりにうまく四字熟語を使いこなせば、パワーにも励みにもなるという内容でした。

たとえば、「針小棒大《しんしょうぼうだい》」という言葉があります。これは〝針のように小さなものを棒のように大きく言うこと〟から転じて〝小さな事柄を大げさに誇張して言いたてること〟です。でまかせや虚言といったネガティブな意味合いもありますが、この言葉に「力」を付けて「針小棒大力」にしてしまうと、〝小さなことでも大きく言って、周りをおもしろがらせるトーク力〟といったポジティブな意味合いが加わり、使い勝手がよくなります。

「自画自賛」は〝自分でやったことを自分でほめること〟なので、手前味噌《みそ》というマイナスの評価にもつながりますが、「自画自賛力」といってしまえば、〝自分をほめることで自分を元気にする力〟となります。

もちろん、このようなアレンジは変化球ではありますが、そういうやり方も可能だという意味合い程度に捉えてもらえればいいと思います。

語彙力がついてくれれば、言葉を自在に操れます。どんなシチュエーションでも、ほめ言葉や、自分なりのほめアレンジを思い浮かべられるようになるのです。

自分としては「ほめ言葉」のつもりで口にしているのに、そうは受け取ってもらえないケースもあります。

たとえば「みにくいアヒルの子」といえば、アンデルセンの童話に倣って〝今は悪く言われていても、いつか美しい白鳥になるよ〟という意味なのですが、「みにくい」というネガティブなひと言が入るだけで、相手は気を悪くします。そうならないように同じ意味合いでも、「この子はきっと大器晩成ですよ」と言ってあげる。そういう気配りもしながら、**より相手に喜んでもらえる言葉を選択する**のが理想です。

伏竜鳳雛、大器晩成といった言葉は、心の支えになる四字熟語です。

「言霊」という考え方があります。言葉に憑《つ》いている霊という印象を受けるかもしれませんが、**「その言葉を信じて、現実にしようとする力」**だと考えてください。**人の力になる言葉こそ、最高のほめ言葉、**ほめ言葉こそが人に活力を与えるのです。

それでは、四字熟語と慣用句を見てまいりましょう。

16　百戦錬磨　ひゃくせんれんま

「百戦」は数多くの戦いという意味で、「錬磨（練磨）」は技や学芸などを練り磨くこと（＝鍛錬すること）。つまり〝数多くの実戦経験を積んで、鍛えられていること〟です。

いくさに限らず、〝場数を踏んでいる〟という意味合いで使えるので、経験豊富なベテランを「百戦錬磨のツワモノ」と評すれば、ほめ言葉になります。

■言い換えでステップアップ

百戦錬磨をわかりやすい日本語にするなら「経験豊富《けいけんほうふ》」です。少しひねった言葉としては「海千山千《うみせんやません》」があります。「海に千年、山に千年、住み着けば蛇も龍になる」という伝承から生まれた言葉です。経験豊富なだけでなく、物事の裏表を知り尽くしていてずる賢いというニュアンスがあります。真のベテランに対して使えばほめ言葉になりますが、相手を選んで使うべき言葉です。

17　一騎当千　いっきとうせん

武勇のイメージが強い言葉をもうひとつ挙げておきます。

「当千」とは千に当たるという意味で〝一人の騎兵でも千人いるのに匹敵する〟ということ。それほど人並み外れた力をもっているということです。中国由来の言葉と考えられますが、日本でも『太平記』の中などで兵を評してこの言葉が使われています。

古くは「一人当千」という言い方もされていましたが、一人ではなく一騎のほうが現代に残ったというのも興味深いところです。

武力に限らず「戦力としてすごい」という意味で使えるので、ビジネスシーンでもよく聞かれる言葉です。

■言い換えでステップアップ

▽万夫不当《ばんぷふとう》：「万夫」は無数の人、「不当」はかなわない。〝多くの人が立ち向かっていってもかなわないほどの人〟という意味なので、一騎当千と意味するところはほぼ同じです。

▽蓋世不抜《がいせいふばつ》：「蓋世」は世を覆いつくすほどすぐれていること、「不抜」はしっかりしていること。〝世を圧倒するほどすぐれてしっかりしていること〟なので、最上級のほめ言葉です。

18　国士無双　こくしむそう

麻雀《マージャン》の役満の手を思い浮かべる人が多いのではないでしょうか？

「国士」は一国の中にあってもすぐれた人物のことで、「無双」は並ぶものがないこと。国士無双では〝すぐれた者のなかでも並ぶ者がないほどの人物、国内（天下）に並ぶものがない人物〟という意味になります。現代において日常的に使えばやや大げさにも聞こえますが、最上級のほめ言葉です。

麻雀の役のなかにこう呼ばれる手があることにしても、十三面待ちができるほどの、すごい手（つくるのが難しい役）だからでしょう。

■言葉の由来は？

前漢の高祖・劉邦《りゅうほう》に仕えた大将軍の韓信《かんしん》が「彼は国士無双であり、他の将軍とは違う。漢中に留《とど》まるのではなく天下を争っていくなら、韓信は不可欠になる」と称えられたことに由来しています。

北海道には『国士無双』という日本酒がありますが、麻雀の役ではなく、この言葉（逸話）をイメージして名づけられたようです。同じタイトルの伊丹万作《いたみまんさく》監督、片岡千恵蔵《かたおかちえぞう》出演のサイレント映画もあり、座りのよい言葉なのです。

■言い換えでステップアップ

無双は、他の言葉とも組み合わせて使われます。

▽古今無双《ここんむそう》：昔から今まで並ぶものがない。
▽天下無双《てんかむそう》：天下に並ぶものがない。
▽三国無双《さんごくぶそう》：三国（日本、中国、インド）＝世界に並ぶものがない。
▽海内無双《かいだいむそう》：世界に並ぶものがない。
……などです。

■さらに応用！

無双がつく言葉はさらに応用が利きます。

▽豪胆無双《ごうたんむそう》：豪胆さでは並ぶものがない。

▽勁勇無双《きょうゆうぶそう》：勇ましさ（武術）では並ぶものがない。
▽忠勇無双《ちゅうゆうむそう》：忠義の心では並ぶものがない。
……などです。無双は「ぶそう」と読むこともあります。
他の単語と組み合わせた「……無双」という造語もよく見られます。

19　博覧強記　はくらんきょうき

強そうな四字熟語が続いたので、今度は、知力です。

「博覧」は広く書物を読んでいて知識が豊富であること。「強記」は記憶力にすぐれていること。博覧強記は、二つの言葉をそのままつなげて、〝広く書物を読んでいて、知識が豊富で、物事をよく覚えていること〟という意味になります。「博覧強記で鳴らしている人」などという言い方もされるように「知の人（記憶の達人）」を評した言葉です。

対義語は「寡聞浅学《かぶんせんがく》」。見識が少なく、知識が浅いこと。寡聞、浅学ともに謙遜していう場合に用いることが多い言葉です。よく学んでいるか、学んでいないかで両者が分けられます。

■言葉の由来は？

やはり中国に由来します。前漢の劉邦の軍が城を攻め落とした際、金銀財宝を奪い取ろうとする兵が多いなかにあって、ある家臣は書物の山を見つけて「宝の山だ！」と叫んで喜びました。そして、それらの書物を読んでいくことで、他の家臣とはくらべようがないほどの知識を身につけたという話からこの言葉が生まれたといわれています。書物にはそれだけの価値があるので、それを吸収しようとする貪欲《どんよく》さも大切です。

■ニュアンスに注意！

博覧強記はもちろん、ほめ言葉です。ただし近頃は、知識はあっても応用が利かないタイプは「頭でっかち」として、社会（実践の場）ではあまり役に立たないと見る傾向があります。

無邪気などの表現が世間知らずという意味にとられる場合もあるように、言葉の使い方には注意が必要です。「あなたの博覧強記ぶりにはいつも助けられます」などという言い回しであれば誤解はされにくく、問題はありません。

■言い換えでステップアップ

知識が豊富ということでは「博識」、「博学」、「碩学《せきがく》」といった言い方があります。博識を使った四字熟語もあります。

▽博識多才《はくしきたさい》：知識があり才能豊かなこと。
▽博識洽聞《はくしきこうぶん》：知識があり経験豊かなこと。
……「生《い》き字引《じびき》」という言い方もあります。こちらは「特定の分野においては誰よりも詳しい」というニュアンスになります。

20　泰山北斗　たいざんほくと

「泰山」とは中国山東省《さんとう》にある名山で、「北斗」は星座の北斗七星のこと。いずれも人が仰ぎ見る存在なので、「泰山北斗」は〝その道の大家として仰ぎ尊ばれる人〟をいいます。「国士無双」や「天下無双」などの言葉にも似ているところがありますが、主に学問や芸術などの分野で尊敬される人のことをこういいます。

ただし最近は、分野が限定されなくなってきている面もあります。たとえば「商品開発部の泰山北斗」というような言い方で、その分野の第一人者、エースであることを表現します。

■言い換えでステップアップ

泰山北斗を現代風にいうなら「オーソリティ」が近いでしょうか。

▽オーソリティ（authority）：権限、権威という意味の英語で、その道の大家、第一人者という意味で使われます。相手に合わせて、泰山北斗とオーソリティを使い分けるのもい

いでしょう。

泰山北斗を略して「泰斗」ということもありますが、会話の中で「たいと」と口にしても、相手には伝わりにくいかもしれません。

四字熟語には、カタカナ語にはない言葉の密度と力があります。特に文章に書く場合には、有効です。

21　天空海闊　てんくうかいかつ

うまく使いこなせている人はあまり多くない四字熟語かもしれません。「天空」は広々とした空のことで、「海闊」は海のように度量が広くてさっぱりしていること。つなげて天空海闊は〝空や海の果てしなさがイメージされるほど度量が広いこと〟、あるいは〝気持ちにいっさいのわだかまりがなくなっていること〟です。

前者はまさにほめ言葉です。「天空海闊な人」といえば、坂本龍馬《さかもとりょうま》や西郷隆盛《さいごうたかもり》のような人物が思い浮かぶのではないでしょうか。こうした言葉を使いこなせるようになれば、相手をうまくほめられるだけでなく、自分の株も上がります。

■語源と例文

唐の時代、ある禅師が「海闊従魚躍、天空任鳥飛」（＝海は広くて思い思いに魚が泳ぎ、天空ではほしいままに鳥が飛んでいる）という詩を詠んだことに由来するといわれます。

ほめ言葉としては「あの人は天空海闊な性格なので、一緒にいて気持ちがいい」などというふうに使えます。また、「気持ちが晴れ渡り、天空海闊としている」などといった使い方もできます。

■言い換えでステップアップ

▽豪放磊落《ごうほうらいらく》：「豪放」とは心が広く大胆なこと。「磊落」もおよそ同じ意味で度量が大きく快活なこと。似た言葉を重ねることで、度量が広くて細かいことにこだわらない様子が強調されます。

▽磊落闊達《らいらくかったつ》：「闊達」もやはり心が広いことなので、意味は豪放磊落と変わりません。使用頻度としては豪放磊落のほうが高く、磊落闊達は知らない人のほうが多いかもしれません。

■夏目漱石も使っていた！

夏目《なつめ》漱石《そうせき》の小説、『吾輩は猫である』の中には次のような一節があります。

「人間とは天空海濶の世界を、われからと縮めて、おのれの立つ両足以外には、どうあっても踏み出せぬように、小刀細工で自分の領分に縄張りをするのが好きなんだと断言せざるを得ない」

ほめ言葉として使っているわけではありませんが、自由な世界という意味合いで「天空海濶の世界」といっています。

22　天衣無縫　てんいむほう

天空海闊に続いて、天から始まる四字熟語です。「天衣」とは天女の衣のことです。その衣は「無縫」、つまり縫い目がないと言われていることから〝作り込みすぎているような跡がなく、自然で美しい〟という意味になります。

詩歌をほめるときなどにこの言葉が使われます。

〝性格が無邪気で飾り気がない〟という意味もあるので、その場合は「天真爛漫《てんしんらんまん》」（＝純真で無邪気）の同義語となります。

「天衣無縫（天真爛漫）な子供たち」、「子供のように天衣無縫（天真爛漫）な人」というような使い方をすれば、ほめ言葉です。

■言葉の由来は？

庭で青年が寝ていたときに天女が降りてきて、衣に縫い目がないのを不思議に思って尋ねてみると、「天人の衣には針や糸を使わないのです」と教えられたという『霊怪録』の故事に由来します。

由来を知っておけば、言葉を覚えやすく、意味もイメージしやすいはずです。人の手が加えられていない無縫であることが肝心なので、間違っても「無法」などと書いてはなりません。

■正岡子規《まさおかしき》も使っていた！

正岡子規《まさおかしき》は、随筆『筆まかせ』のなかで夏目漱石の書いた漢詩を評して次のように書いています。

「この詩の如き真個の唐調にて天衣無縫ともいはんか」

真個は〝まことの〟という意味なので、作り込みの跡がなく漢詩として非常によくできている、と絶賛していることになります。

■言い換えでステップアップ

▽純真無垢《じゅんしんむく》：天衣無縫、天真爛漫と同じような使い方ができる言葉で〝清らかでけがれがないこと〟です。

天衣無縫、天真爛漫、純真無垢はすべてほめ言葉になりますが、相手の年齢や自分との関係性を考えて使うべきです。年を重ねていても子供のような純真さ、無邪気さを失わないのはいいことですが、「無邪気すぎる＝世間知らず」という皮肉にもとられかねないからです。

23　不撓不屈　ふとうふくつ

「不」が並んでいるためにネガティブに感じる人もいるかもしれませんが、ポジティブな言葉です。「撓む」は、たわむと読み、ここでは、くじける、屈するという意味で使われています。つまりこの言葉は「くじけない」＋「屈しない」ということで、〝どんな困難にもくじけないこと、くじけない意志をもっていること〟を意味します。

不撓不屈の人といえば、簡単にはあきらめない人ということになるので、意志が強いと称えるほめ言葉です。

ひっくり返して、不屈不撓といっても間違いではありません。

■言い換えでステップアップ

貴乃花《たかのはな》の横綱口上は記憶に残っている方も多いのではないでしょうか。

「不撓不屈の精神で、力士として不惜身命《ふしゃくしんみょう》を貫く所存でございます」

不惜身命は仏教の言葉で、仏道を修めるために命を惜しまない姿勢を指します。ちなみに兄の若乃花《わかのはな》の横綱口上は「横綱として堅忍不抜《けんにんふばつ》の精神で精進していきます」というものでした。

▽堅忍不抜：「堅忍」は我慢強く堪《こら》えること、「不抜」はなかなか抜けないこと。堅忍不抜で〝どんなつらいことや困難があっても心を動かさずに我慢すること〟です。

不撓不屈では動じない姿勢、堅忍不抜では耐え忍ぶ姿勢が強調されますが、およそ同じ意味合いの言葉です。兄弟で似た誓いを立てていたことになります。

24　春風駘蕩　しゅんぷうたいとう

少し難易度が高い言葉かもしれません。

「駘」はのどかな様子を示す言葉で（にぶいという意味もあります）、「蕩」はゆらゆら揺れ動く様子で、「駘蕩」ではのどかな様子や、さえぎるものがない、のびのびとしているさまを意味します。

「春風駘蕩」は、春風がのどかに吹く様子を示し、〝物事に動じないで余裕のあるさま〟です。不撓不屈、堅忍不抜とは違い、人柄が温和であることを表わします。ジョージ秋山《あきやま》の漫画『浮浪雲《はぐれぐも》』の主人公・雲などがイメージしやすいでしょうか。

■太宰治も使っていた！

太宰治《だざいおさむ》の自伝的小説ともいわれる『津軽』の中には、次のような表現があります。この言葉の使い方の見本になるものです。

「春風駘蕩たるところが無いんで、僕なんか、いつでも南国の芸術家には押され気味だ」、

「春風駘蕩の美徳もうらやましいものには違いないが、私はやはり祖先のかなしい血に、出来るだけ見事な花を咲かせるように努力するより他には仕方がないようだ」

■「風」にまつわる、ほめ言葉

▽颯颯《さつさつ》（颯々）：風が音を立てて吹いている様子で〝人柄がさっぱりしている様子〟を示します。

▽嫋嫋《じょうじょう》（嫋々）：風がそよそよと吹いている様子で〝しなやかでなめやかなさま、女性の美しいさま〟を示します。

ともに風の吹き方から生まれた表現ですが、颯颯は男性、嫋嫋は女性に対するほめ言葉として使われます。

■対照的な四字熟語

▽秋霜烈日《しゅうそうれつじつ》：「春風駘蕩」とは対照的な四字熟語です。

「秋霜（秋の霜）」と「烈日（夏の烈しい日射し）」という二つの厳しい気象条件のように厳しくおごそかであることを表現した言葉です。

権威や刑罰に対してこの表現が用いられることが多く、検察官が付けているバッジは「秋霜烈日のバッジ」と呼ばれます。人に対して使えば「厳しく烈しい正義派」というニュアンスになります。

25 温厚篤実　おんこうとくじつ

春風駘蕩と似ていながら少しニュアンスが違う四字熟語に、「温厚篤実」があります。「温厚」はおだやかでやさしいこと、「篤実」は情に厚く誠実なことです。

温厚はもともと、暖かい気候を表現する際に使われていた言葉です。篤実という要素が付くことによって、誠実、まじめというニュアンスが入ってきます。そのため、ほめ言葉として使える場面が増えます。

■言い換えでステップアップ

▽寛仁大度《かんじんたいど》：「寛仁」は心に奥行きがあり慈悲心があること、「大度」は度量が広いこと。

寛仁だけでも、ほめ言葉として使われます。同じ「かんじん」でも閑人と書くと、暇人の意になってしまうので注意が必要です。

大度も独立した単語ですが、独立してほめ言葉として使われることはあまりありません。

26　気宇壮大　きうそうだい

天空海闊、寛仁大度に似た言葉に気宇壮大があります。宇宙の宇が入っていますが、この宇には「心」という意味があります。「気宇」は器量や心の持ち方のことです。「壮大」は大きくて立派なことなので、気宇壮大では〝心構えが立派なこと〟を意味します。

人に対するほめ言葉にもなりますが、スケールの大きさに重点をおいて、作品などに対するほめ言葉として使われます。

「気宇壮大な大河ドラマ」、「気宇壮大なプロジェクト」などといった使い方がそうです。

■言い換えでステップアップ

似た言葉は他にもあります。

▽幕天席地《ばくてんせきち》：天を屋根（幕）として、地を席とすることから〝度量が大きいこと、志が大きいこと〟。

▽抜山蓋世《ばつざんがいせい》：山を抜き取り、世を覆いつくすということから〝気力に満ちていること〟。

27　剛毅果断　ごうきかだん

ビジネスシーンで使いやすいほめ言葉のひとつです。

「剛毅」は意志が強くて、物事に屈しないこと。「果断」は思いきって行動することなので、剛毅果断では〝意志が強くて決断力に富み、思いきって行動に移れること〟をいいます。物事に屈しないという部分だけを取れば、不撓不屈や堅忍不抜に近いといえますが、果断がついているのがこの言葉のポイントです。「積極性」や「行動力」は、社会人に求められる大事な要素なので、ほめ言葉として使いやすくなります。

■最高のほめ言葉は「剛毅朴訥」？

▽剛毅朴訥《ごうきぼくとつ》：剛毅に朴訥をつなげた「剛毅朴訥」は、〝意志が強くて朴訥な人（無口で飾り気がない人物）〟という意味になります。『論語』には「剛毅朴訥は仁に近し」とあります。「仁」とは道徳的に理想とされる観念なので、剛毅朴訥な人は理想の人間像だと言っているわけです。松尾芭蕉《まつおばしよう》の『おくのほそ道』にも「剛毅木訥の仁に近きたぐひ、気稟の

清質、もっとも尊ぶべし」とあります。

■言い換えでステップアップ

▽勇猛《ゆうもう》果敢《かん》：「勇猛」は勇ましく力強いこと。「果敢」は決断力に富んでいること。それをつなげた言葉なので、剛毅果断と意味するところは似ています。勇敢さや武者ぶりをほめるために使われることが多い言葉です。

▽大胆《だいたん》不敵《ふてき》：「大胆」は度胸があり恐れを知らないこと。「不敵」もほぼ同じ意味合いで〝恐れを知らないこと〟です。

■対義語は……

大胆不敵の対義語としては「小心翼々《しょうしんよくよく》」が挙げられます。「翼々」は慎み深いことですが、小心翼々では臆病《おくびょう》な性質が言い表わされます。「彼は小心翼々としていて、いつも上司の顔色を窺《うかが》っている」というふうに使えば非難の言葉になります。

「遅疑逡巡《ちぎしゅんじゅん》」は、いつまでも疑い、ためらっていることなので、剛毅果断の対極にある消極的な態度への非難です。

28 神韻縹渺　しんいんひょうびょう

少し難しい言葉かもしれません。「神韻」とは神業としか思えないようなすぐれた趣のことで、「縹渺」とは果てしなく広々としたさま、かすかではっきりしないさまです。見慣れない漢字だと思いますが、この「渺」は「緲」とも書きます。「神韻縹渺」では〝すぐれた趣が感じられること〟をいいます。

芸術作品などに関して、作者を大家としてほめるなら泰山北斗、作品そのものをほめるなら神韻縹渺と使い分けられます。風景を絶賛するときにも使われます。

■言い換えでステップアップ

▽神《しん》に入《い》る：技術などが非常にすぐれていて、人間の仕業とは思えないほどの境地に達することを「神に入る」と言います。要するに神憑《かみがか》りにも近い状態です。「泰山北斗」や「神韻縹渺」にも通じるところがある慣用句です。「彼の技は神に入ったものだ」といえば、大げさに聞こえるかもしれませんが、比較的、使いやすいほめ言葉です。

29　面壁九年　めんぺきくねん

禅宗の開祖とされる達磨《だるま》大師が、中国の少林寺《しょうりんじ》で無言のまま九年間、壁に向かって坐禅《ざぜん》を続けて悟りを開いた故事を示す言葉です。

そのことから〝忍耐強くひとつのことを続けて、やり遂げること〟がこのように表現されます。九年という期間にはこだわらず〝長い期間にわたって何かに専念する努力〟のことです。

「面壁九年の努力が実った」というように使います。

「彼は面壁九年の努力ができる人間だ」といえば、我慢強くて誠実な努力家という意味合いのほめ言葉になります。

語呂もよく、言葉の響きにも力があります。

■言い換えでステップアップ

▽大器晩成《たいきばんせい》：面壁九年の類義語というわけではありませんが、近い意味をもつ言葉です。

「大器晩成」は、大きな器を作るのには時間がかかるということから〝偉大な人物は大成するのに長い年月がかかる〟ということ。

「大器晩成型」といえば、いわゆる遅咲きの人物（年を重ねてから成功する人）を指します。

なかなか芽が出ない人に対して使えば、励ましの意味をもつほめ言葉になります。

30　破天荒　はてんこう

破天荒というと、豪快で大胆な様子、はちゃめちゃな人間というイメージをもつ人が多いと思いますが、本来の故事成語は異なります。

「天荒」は未開の荒れ地という意味で、かつて中国の荊州《けいしゅう》は、官吏登用試験の合格者を出せなかったことから天荒と呼ばれていました。そんな中で荊州から合格者が出たときに「天荒を破った」と言われました。そこから破天荒という言葉が生まれ、〝誰も成しえなかったことを初めてすること〟を意味します。

■言い換えでステップアップ

正しい意味での「破天荒」は、誰もできなかったことに挑戦して成功する、という意味です。似た言葉に「前代未聞」があります。

▽前代未聞《ぜんだいみもん》：これまで聞いたことがないような珍しいこと、大変なこと、という意味です。

「前代未聞の事業を成し遂げた」と「破天荒な事業を成し遂げた」は、ほぼ同じ意味です。

31　八面玲瓏　はちめんれいろう

「八面」はあらゆる方面ということで、「玲瓏」は玉のように澄みきっていて美しいさま。八面玲瓏では〝どの方面から見ても曇りがないさま〟、あるいは〝心が清らかでわだかまりがないこと〟をいいます。

ちなみに、私の出身高校の校歌にも、「理想は高し　富士の山　八面玲瓏　白雪の　清きは　吾等《われら》の　こころなり」という文言があります。

羽生善治《はぶよしはる》さんは「玲瓏」を揮毫《きごう》の時に書かれているそうです。

そうした「清らかさ」を表現するのに使える言葉ですが、人柄を示す言葉にもなります。

その場合、〝どんな人とも円満に交際できる人物、誰からも好意をもたれるような人物〟という意味になります。

「八面玲瓏な人柄」、「八面玲瓏な彼女のことを悪くいう人はいない」などと使えるので、ほめ言葉になります。

■同じような言葉でも……

八面玲瓏の類義語として「八方美人《はっぽうびじん》」が挙げられる場合があります。八方美人は〝誰とでも調子を合わせられる人〟のことなので、たしかに意味合いは似ています。しかし、八面玲瓏は純粋な人柄を表わし、八方美人は調子のいい人柄を表わすともいえるので、ニュアンスはずいぶん異なります。八方美人は、行動に節操がない「お調子者」という批判的な意味にとられやすくなります。

32　無私無偏　むしむへん

「無私」は利己的な考えを優先しないで私心がないこと、「無偏」は判断に偏りがないこと。無私無偏は〝個人的な考えを持ち込まず、自分の利益などを優先しないで公平に判断して行動すること〟です。

「無私無偏な判決」というように使われるほか、「彼は無私無偏な指導者（裁判官、先生）です」などという言い方もします。この場合は当然、ほめ言葉です。

「八方美人」とは対照的な態度、姿勢だといえます。

■言い換えでステップアップ

▽公平無私《こうへいむし》：公平で私心を交えないことなので、無私無偏とほぼ同じ意味。

▽不偏不党《ふへんふとう》：特定の党や主義には寄らず、公正な立場をとること。

▽無偏無党《むへんむとう》：不偏不党と同じ意味です。

33　才色兼備　さいしょくけんび／さいしきけんび

「才色」が才知（才能）と容貌《ようぼう》（顔かたち）で、「兼備」が兼ね備えていることなので、「才色兼備」では〝すぐれた才能をもち、顔かたちも美しいこと〟を言います。通常、女性に対して使われ、「才色兼備の花嫁」などといった言い方がされます。似た言葉に「秀外恵中」があります。

▽秀外恵中《しゅうがいけいちゅう》：この言葉は「外＝見かけ」がすぐれているだけでなく、「中＝知性」にも恵まれているということです。やや難しい言葉で使用頻度は少ないといえますが、こちらも女性に向けたほめ言葉です。

■似ている言葉

▽知勇兼備《ちゆうけんび》／智勇兼備：知恵と勇気の双方をもち合わせていることをこういいます。必ずしも対象は男性に限られませんが、男性に使われる場合が多く、才色兼備の男性版といえそうです。

▽文武両道《ぶんぶりょうどう》：学問と武芸（スポーツ）の両方にすぐれていること。現代においても耳にすることは多いはずです。この言葉は男女を問わずに使えます。

34. 比翼連理　ひよくれんり

「比翼」とは、雌雄それぞれ一目一翼（目と翼がひとつずつ）のため、常に並んで飛んでいるという伝説の鳥のことで、「連理」とは二本の木がつながって一本になっていること。この二つのたとえをつなげて〝夫婦（男女）の仲がむつまじいこと、つながりが深いこと〟をいいます。

▽連理《れんり》の枝《えだ》：比翼連理と同じ意味です。

ともに結婚式の祝辞などでもよく使われる言葉です。

円満でいい関係を続けている夫婦に対して、うらやましいという意味を込めたほめ言葉として使えます。

35　呑舟の魚　どんしゅうのうお

文字どおり、舟を丸呑《の》みするほどの大きな魚、ということ。善人であるか悪人であるかを問わず〝並はずれた才能をもつ大人物〟を指す言葉として使われます。「彼はもしかしたら呑舟の魚かもしれないな」といった言い方をすれば、普通のモノサシでは測れない人物、ということです。

「呑舟の魚は枝流《しりゅう》に游《およ》がず」という言い方もあります。大人物は枝流（小さな川）には住まないということから、大人物はつまらない者とは交わらない（些細《ささい》なことには関わらない）という意味になります。

■言い換えでステップアップ

単に「人物《じんぶつ》」というだけでも〝大人物、ひとかどの人物〟という意味になります。「ひとかど（一角・一廉）」とは、際だっていること、並々ではないということなので、「ひとかどの人物」は、大物感を称えるほめ言葉になります。同じ意味で「一人物《いちじんぶつ》」とも言います。

36　懸河の弁　けんがのべん

呑舟の魚もそうですが、こうした言葉をうまく使えるようになると、自分自身の株を上げることにもつながります。

「懸河」とは傾斜が強く、流れが速い川のことで、「懸河の弁」は〝勢いよく流れる川のようによどみのない弁舌〟を指します。

「彼は懸河の弁をふるって、聞く人を圧倒した」などという言い方をすれば、迫力あるスピーチだったとほめていることになります。

このように相手の人柄や見た目だけでなく、「行為」をほめるのに使える言葉もあります。うまく使いこなしたいところです。

■言い換えでステップアップ

▽一瀉千里《いっしゃせんり》：類義語といえる四字熟語です。「瀉」とは水が下へと流れていくことなので、「一瀉千里」は、いちど水が流れ出すと、千里も流れていくということ。

〝文章や弁舌によどみがないこと〟、あるいは〝物事が一気に進んでいく様子〟を表わします。

そのため、懸河の弁とほぼ同じように使えるほか、「彼は一瀉千里に仕事を進めている」というような言い方もできます。

37　眼光紙背に徹す　がんこうしはいにてっす

ここでいう「徹する」は、奥深く貫いて達するということ。「眼光紙背に徹す」では〝眼の光が紙の裏にまで及び、字句の背後にある深い意味までも読みとる〟という意味になります。

「行間を読む」という表現にも近いといえますが、行間を読むのほうは機微（微妙なところ）を察する感性の問題を指しているのに対して、こちらはもう少し構造的な真理や論理を見抜く力を指しています。

……「眼光紙背に徹するほど熟読した」という言い方をする人がいますが、言葉の使い方を誤っている例になります。

■言い換えでステップアップ

ニュアンスによって使い分けられる言葉はいろいろあります。

▽目が利く：鑑識眼にすぐれていること。

▽目が肥える：いろいろなものを見てきたことで、ものごとの価値が見分けられるようになっていること。

▽目が高い：良いものを見分けるセンスがあること。

似た意味ですが、うまく使い分けてください。

38　天を衝く　てんをつく

天に届くほど高いこと、勢いの盛んなことを「天を衝く」といいます。「天を衝かんばかりの高層ビル」、「彼の意気は天を衝く」などといった言い方がされ、後者は気持ちの充実ぶりを称えるほめ言葉です。スケールの大きさを感じさせる表現です。

……「怒髪天《どはってん》を衝《つ》く」という言い方を耳にしたことがあるかと思います。天を衝くという部分の意味合いは同じですが、言葉全体では、怒りのあまり髪の毛が逆立っていること、転じて、髪の毛が逆立たんばかりに激しく怒っていることをこう言います。

■言い換えでステップアップ

▽上《あ》げ潮《しお》に乗る：上り調子であることを示します。

「事業が上げ潮に乗ってきた」などといった言い方ができます。

▽飛ぶ鳥を落とす勢い：飛んでいる鳥を落としそうなほど勢いが盛んなことです。

他にも「破竹《はちく》の勢い」、「日の出の勢い」などといった言い方があります。

39　人後に落ちない　じんごにおちない

耳にすることはあっても、いまひとつ意味がわからないままの慣用句もあるかと思います。この言葉もそうかもしれません。

「人後」とは、人の後ろ、下位ということ。「人後に落ちない」では〝他人に劣らない、ひけをとらない〟という意味になります。

中国の李白《りはく》が冤罪《えんざい》に問われた際に「気岸遥かに凌ぐ豪士の前、風流あえて落ちんや他人の後に」（心意気は豪傑をはるかに凌《しの》ぎ、風流では他人のあとに落ちない）と詠んだことから生まれた言葉だといわれます。「あの人はこの分野の知識では人後に落ちない」などと使います。

■言い換えでステップアップ

▽右に出る者はいない…「右」は優位な人間が立つ場所ということで、人後に落ちないとほぼ同じ意味です。

▽足元にも及ばない：相手があまりにもすぐれていて、自分とは比較にならないということ。

▽役者が一枚上：人物、能力などが一段とすぐれていること。

……「役者が違う」という言い方もあります。

40　一頭地を抜く　いっとうちをぬく

この言葉を正しく書き、正しく読むことができるでしょうか？

読み方として「いっとう／ち　を　ぬく」は誤りで、「いっとうち／を　ぬく」が正しいのですが、かといって「一等地を抜く」と書くのは誤りです。「一頭地」で、頭ひとつ分の高さを意味します。

ここでの「地」は語調を整えるための助辞で、意味はないと考えてかまいません。つまり〝一頭＝頭ひとつ抜けている、他の人よりすぐれている〟という意味です。「人後に落ちない」とは少しニュアンスが違い、「彼の実力はこのクラスで一頭地を抜いている」などと使います。

■言い換えでステップアップ

▽群を抜く：似た言葉ですが、こちらは群（集まり）のなかでも抜け出している、ということです。それも〝飛び抜けてすぐれている〟という意味で使われます。「一頭地を抜

く」とは違い、どんな集まりであるかを特定しないで使う場合が多くなります。「群を抜くうまさ」、「群を抜くスピード」などという言い方をします。ニュアンスとしては、個別に比較するまでもないすごさを表わす言葉です。

41　快刀乱麻を断つ　かいとうらんまをたつ

聞いたことはあっても、字が書けない、意味がわからない、という人もいるのではないでしょうか？　「かいとう」を「怪盗」などと思い込んでいる人もいるかもしれません。

正しくは「快刀」で、切れ味鋭い刀のこと。「乱麻」はもつれた麻糸のことなので、この言葉は〝もつれた物事などを見事に処理すること〟を意味します。

膠着《こうちゃく》した話し合いをうまく仲裁した人などに対して使えば、ほめ言葉になります。「難事件だったが、名探偵が快刀乱麻を断った」などといった使い方がされるために、怪盗と勘違いされやすいといえます。

■意味が似た言葉、異なる言葉

▽一刀両断《いっとうりょうだん》：一刀のもと何かを真っ二つに斬るように物事をきっぱり処理することなので、意味は似ています。

▽竹を割ったよう：ナタで竹を割れば、まっすぐに割れていきます。そのため、「気性が

まっすぐでさっぱりしている人」のことを竹を割ったような性格といいます。
ほめ言葉ですが、こちらは快刀乱麻を断つとはまったく意味の異なる言葉です。

42　板に付く　いたにつく

ここでいう「板」は、板張りの舞台のことだと思ってください。「板に付く」では〝役者が舞台に馴染《なじ》んできたように、仕事ぶりなどが地位や役割に馴染んできたこと〟、あるいは〝服などが似合うようになってきたこと〟をいいます。「彼はキャプテンが板に付いてきた」「板に付いた司会ぶり」「着物姿が板に付いてきた」などと使います。こうした例からもわかるように使いやすいほめ言葉です。……ただし、注意は必要です。この言葉は成長ぶりをほめるものなので、目上の人間には失礼に当たります。

■良くも悪くも使える言葉

▽三拍子揃《さんびょうしそろ》う：こちらもまた舞台に関係する慣用句です。能楽のお囃子《はやし》で、小鼓、大鼓、笛の拍子が揃うのにたとえて、必要な要素がすべて備わっていることをいいます。「走攻守の三拍子揃った選手」などといった言い方があります。

43　泥中の蓮　でいちゅうのはちす

泥の中に生える蓮《はす》の花のことですが、この言葉では「はちす」と読みます。煩悩があっても仏法によって清浄さを保てるという仏教語で、一般的には〝環境は悪くても、それに染まらず心の清らかさや美しさを保っていられる〟という意味で使います。

「朱に交われば赤くなる」は環境やつき合う人間に感化される、という意味なので、その逆のことを言っているわけです。

▽掃《は》きだめに鶴《つる》：こちらはつまらないもののなかにすぐれたもの、美しいものが交じっているという意味です。

使い方をまちがえると、「他の人が掃きだめなのか」と言われてしまうので、気をつけてください。

■似ている言葉

▽旱天《かんてん》の慈雨《じう》：言葉の構造は「泥中の蓮」とも似ています。「旱天」とは日照りが続いて

旱魃《かんばつ》になっていることで、そういうときに降る恵みの雨が「旱天の慈雨」です。苦しいときにも救いの手は差し伸べられる、という励ましになる言葉です。苦しいとき、誰かに手を差し伸べられてそれに救われたときに旱天の慈雨といえば、その救いが「いかに大きかったか」を示す感謝の言葉になります。

44　謦咳に接する　けいがいにせっする

少し難しい言葉ですが、「謦」も「咳」もせきの意味で、謦は、どちらかというと、軽い咳のこと。「謦咳」は咳払いのことです。

「謦咳に接する」とは〝尊敬する人に会うことや話を聞くこと〟を指す言葉です。間近で咳払いを聞けるだけでも幸せ……ということから、こうした言い方がされるようになりました。

謦咳に接するは、相手のどこかをほめるような言葉ではなく、「会うことができた」という喜びを表現する言葉です。それによって、相手に対する敬意を示すことになるわけです。

■敬意を示すという「ほめ方」

相手を持ち上げるのも人間関係においては大切です。

「謦咳に接したいと思っていたので、これほど光栄なことはありません」などといった言い方をします。
▽ご高説《こうせつ》を承《うけたまわ》る：すぐれた意見を拝聴させていただく、という意味の言葉なので、本来は相手を持ち上げる表現ですが、嫌味にも聞こえるので注意が必要です。
▽薫陶《くんとう》を受ける：人格のすぐれた人から影響を受け、人格が磨きあげられる、という意味です。陶器を作るときに、香《こう》をたいて薫《かお》りをしみこませ、粘土をこねて形をととのえることから来ています。

45　天稟　てんぴん

漢字二文字のほめ言葉もあります。

「天稟」は、持って生まれた資質のことで「天賦《てんぷ》」と同じ意味です。「天稟がある」、「天賦の才に恵まれている」などといいます。

▽奇傑《きけつ》：一風変わったすぐれた人物。
▽才子《さいし》：頭の働きのすぐれた人。
▽怜悧《れいり》：賢いこと。
▽聡慧《そうけい》：才知にすぐれていること。
などといった言い方もあります。

第四章

やまと言葉で、品よくほめる

「和の心」が生かされた、品のいい言葉

やまと言葉とは、漢字が入ってくる前からあった日本固有の言葉です。

たとえば「ふくよか」という言葉があります。ふくよかな顔、ふくよかな香りなどといった使い方をします。ふくよかとは〝やわらかそうにふっくらしているさま〟や〝香りなどが豊かに漂うさま〟です。

やまと言葉で大切にされているのは「語感」です。

音を聞いただけでも、状態をイメージしやすいのが特徴のひとつに挙げられます。「ふ」が付く言葉としては他にも「ふっくら」や「ふわふわ」などがあります。「ふ」は音や文字そのものにやわらかさがあるので、それが言葉の中にも生きています。「ゆ」もそうです。銭湯で「湯」ではなく「ゆ」と平仮名で書かれている場合が多いのにしても、この音と文字がもつ、やわらかな感じが好まれ、イメージに合うからだといえます。

もし「湯」を「か」や「き」などと読むようになれば、途端にリラックスできる感じではなくなり、きっちりしたイメージになります。ゆったりときっちりでは語感がまったく

違うように、一文字の読みだけでも同じように印象は左右されます。

「かきくけこ」はきゅっとまとまった感じで、「まみむめも」や「やゆよ」はゆるやかな感じがします。

川端康成《かわばたやすなり》の名作『山の音』には「菊子」という若くてきっちりした性格のお嫁さんが登場します。名前の三文字がすべて「か行」なので、名前から受ける印象どおりのキャラクターだといえます。

そういう名前がかつては多かったのに対して、今は「まゆ」や「もえ」といった名前が増えています。こうした名前からはやわらかいイメージを受けます。子供に対して求められるものが変わり、ソフトな印象が重視される時代になったのでしょう。その意味でも、やまと言葉のもつやわらかさ、やさしさは今の時代に合っています。

丸い曲線とギザギザの直線からなる二つの図形に対して、「どちらがブーバで、どちらがキキでしょうか？」と質問する心理学の実験がありました。世界中の九十八パーセントの人が丸みを帯びた図形をブーバと答え、ギザギザの図形をキキと答える結果が出ました（「ブーバ／キキ効果」は心理学用語。一九二九年、心理学者ヴォルフガング・ケーラーが検証報告。命名は脳科学者のV・S・ラマチャンドラン）。母語に関わらない結果なので、音に対する感覚は世界共通のものです。赤ちゃんをあやすときも「いないいないバー」など、やわらかい音を使い、「キキキキ」とは言いませんね。

やまと言葉には、このブーバにも共通するようなやさしい音をもつ言葉が多いのです。私には、そんなやまと言葉を大切にしてほしい、という思いがあります。

特に口頭でのコミュニケーションの場合は、やさしい響きのほうが伝わりやすく、気持ち良く聞くことができるという効果があります。やまと言葉はできるだけ日常会話やほめ言葉に取り入れると効果的です。

日本語には、擬態語・擬音語が多く、パリパリといえばそれだけでパリパリ感が、バリバリといえばバリバリ感が伝わります。クッキーを食べるようなときには「パリパリしていておいしいですね」と言っても「バリバリしていますね」とは言いません。逆にせんべいは「バリバリ」という擬音で、歯ごたえがイメージできるでしょう。

「ふわふわ」と「ぶわぶわ」のように、濁点をつけただけでも、まったく二つの違うニュアンスの言葉になります。

辞書を引かなくても、相手が言わんとしているイメージがおおよそ理解できるので、こうした擬態語・擬音語に日本語のおもしろさを感じる外国の日本語学習者も多いようです。

やまと言葉ならではのほめ言葉も豊富です。

「たおやかな女性」、「しなやかな指」などもそうです。

たおやかは〝しなやかでやさしいさま〟のことで、しなやかは〝なめらかでやわらかいさま、よくしなうさま〟なので、意味的には重なります。それでもやはり、使い分けられます。

やまと言葉のひとつひとつには固有のニュアンスがあり、他の言葉で置き換えるのは難しいのですが、それだけ繊細にイメージを伝えることができます。

たおやかも、しなやかも、**語感がやさしく、ほっとするほめ言葉**です。

やまと言葉には「和の心」が生かされた品の良さがあります。

いうまでもなくお茶会などの場にふさわしい言葉ですが、それだけではもったいありません（「もったいない」もやまと言葉です）。ふだんから、おだやかな気持ちでこうした言葉を用いれば、場がやわらぎます。

「令和」の元号の典拠ともなった『万葉集』にもやさしさを表現するやまと言葉が数多く

見られますので、おすすめです。

皆さんもすでに一度、学校で習った言葉だと思いますが、どのように使うかもう一度おさらいしてみましょう。

46　をかし

日本固有の言葉（表現）＝やまと言葉には日本人の繊細な感性が込められているので、会話の中でもうまく取り入れたいところです。

やまと言葉の古語というと、まず思い浮かぶのは「をかし」です。

をかしには、多くの意味とニュアンスがあり、日本語らしい語感をもつ言葉です。現代語と同じように〝こっけいだ、おかしい〟を表わす言葉としても使われますが、古典においては美的理念を表わす言葉として、多くの場面で使われていました。

解釈に幅のある、日本語の中でも独特の世界観をもつ言葉です。

■をかしのもつ「五つの意味」

「をかし」には主に次の五つの意味があります。

① こっけいだ、おかしい。

② 興味深い、心が惹《ひ》かれる。

③趣《おもむき》がある、風情《ふぜい》がある。
④美しい、愛らしい。
⑤すぐれている。素晴らしい。

■「をかし」はヤバイ!?

いろいろな意味があるように「をかし」は万能型のほめ言葉です。現代語の「ヤバイ」や「カワイイ」、英語の「interesting」に近い意味合いもあります。「おもしろい」と訳される interesting は「興味を起こさせる」という意味をもちます。

をかしに「いと」を付けて「いとをかし」とすれば〝非常に〜〟という意味になり、称賛の度合いが高まります。

■枕草子は「をかしの文学」

清少納言《せいしょうなごん》の『枕草子』は「をかしの文学」と呼ばれます。『枕草子』は日常的な感動などを書き留めた随筆だからです。「雨など降るもをかし」(雨が降るのも風情がある)などは、いかにも『枕草子』らしい言い回しです。「いとをかし」という表現も随所に見られます。日常会話に「をかし」と交ぜるだけでは伝わりにくくても、「いとをかし」と言えば、相手にも『枕草子』を意識した洒落《しゃれ》た表現だとわかってもらいやすいはずです。会話がちょっとコミカルになり、ほめられたほうも気楽に受け止めることができます。

47　このうえなく

現代における「ヤバイ」と同じような使い方ができるのが「をかし」だとすれば、「超、ヤバイ！」「超、カワイイ！」「超、オイシイ！」と言うときの「超」に当たる言葉が「このうえなく」です。文字どおり〝それ以上はないほどの〟、最高、最上であるということです。「このうえなくいとしい」「このうえなくおいしい」というように使います。

「超、ヤバイ！」「超、オイシイ！」などと言った場合にくらべてどうでしょうか？　品が出ますよね。「超」と「このうえなく」の二つを使い分けると、表現に幅が出ます。

■現代における言葉の使い方

「をかし」は日常的に使われることは少なくなっていますが、「このうえなく」は、現代でも普通に使える言葉です。「このうえもなくいとしい」というように「も」を入れると、いとしく思っている気持ちがさらに強調されます。

あとにつながる言葉が名詞になる場合は、「なく」を「ない」にして、「このうえない喜び」などという言い方をします。

■言い換えでステップアップ

やまと言葉にこだわらず、「このうえなく」を他の言葉に言い換えるなら、前章で紹介した「右に出る者はいない」などといった表現になります。ただし、この言い方は対象が人に限定されます。他にくらべるものがないという部分を強調したいなら「無比の」や「無上の」などの言葉が適しています。「最高の」「至上の」「至高の」といった言葉も「超！」に変わるものになってきます。

■やまと言葉で言い換える

▽こよなく：この言葉も〝このうえなく〟と同じ意味です。格段の違いがあるという意味の「こよなし」の連用形なので、「比類なく」という意味もあります。現代では最上級の愛情を示すときに使われる場合がほとんどです。よく耳にするのが「こよなく愛する」という言い方です。対象は人に限らず、「こよなく故郷を愛する」「こよなくコーヒーを愛する」などと使われます。

48　やんごとなし

現代では「やんごとなし」という言い回しになっていますが、もともとは「やむごとなし（止む事なし）」です。

〝捨てておけない、そのまま放っておけない〟という意味の他に〝格別に大切だ、高貴で重々しい、貴重で大切だ、世間の評判が高い〟などといった意味があります。

『源氏物語』には「いとやむごとなき際《きわ》にはあらぬが、すぐれて時めき給ふありけり」とあります。「あらぬ」と否定の言葉がつけられていますが、高貴な身分という意味で「やむごとなき」が使われています。

■現代における言葉の使い方

「やんごとない事情で集まりには行けなくなった」という使い方の他に「やんごとない身分の方なので失礼のないように」などと使われます。後者はまさに『源氏物語』の例と同じ使い方です。ＶＩＰの中でも、格別に大切な方のときに使うとよいでしょう。

49　お陰様　おかげさま

いかにも日本人的な考え方が表われた言葉です。

「お陰」とは、神仏の庇護《ひご》や他人の助力など、陰ながらの恩恵や、見えない力に対する感謝を示す言葉で、それに「様」を付けて丁寧にしています。陰に「御《お》」という接頭語を付けたのが室町時代、「様」を付けたのが江戸時代といわれています。

お陰様では〝漠然とした感謝の気持ち〟が示されるので、「お陰様で志望校に合格することができました」「お陰様で結婚できました」「お陰様で取り引きが成立しました」など幅広く使えます。

■感謝を示すという「ほめ方」

「お陰様」と口にする場合、実際に相手が何かしてくれたという現実的行為は問いません。それよりも応援してくれる気持ち、存在への感謝を伝える言葉です。

要するに「応援してくれる気持ちが嬉しい」「見守ってくれているだけでありがたい」

「いてくれるだけでいい」ということです。

純粋なほめ言葉ではなくても、相手を立てる気持ちを示した大事な言葉です。

互いの距離感にかかわらず使用できますし、場を和やかにする日本語ですから、常套句と括らず、一言「お陰様で」の言葉を付けると敬意も感じられるでしょう。

50　水際立つ　みずぎわだつ

「水際」とは海などと陸地が接する際《きわ》のことで、水と土のように違いがはっきり浮き立つことから〝他とくらべて目立ってすぐれていること〟をこう表現します。「他とくらべて」という意味合いがあることはそれほど意識しないでも、〝すぐれている、鮮やかだ〟という意味合いのほめ言葉として使えます。

美しさをほめるときに使われる場合が多く、「華やかな衣装が水際立っていますね」などといった言い方をします。美しさにこだわらず、「彼女の演技は水際立っていた」「水際立った手捌《てさば》き」などとも使えます。

■ビジネスシーンでも使える言葉

「水際」という部分を独立させて、防衛ライン、ギリギリの境界というような意味でこの言葉が使われるようにもなっています。

そこから生まれた「水際作戦」という言葉も一般化しています。病原菌などが国内に入ってこないように空港などで防疫態勢を敷くことを言います。ほめ言葉とは関係ありませんが、ビジネスシーンなどでも応用が利きそうな使用例です。

■言い換えでステップアップ

▽汀《みぎわ》まさる：「水際立つ」とほぼ同じ意味で使われる言葉に「汀まさる」があります。

汀は水際のこと。

もとは汀の水が増すことを意味する「汀まさる」で〝涙がとめどなく流れる〟という意味で、『曾我物語』には「みぎわまさりの相手をうつものと思ひ出して」とあり、〝目立ってすぐれている〟という意味でこの言葉が使われています。

最近は使われる機会が減っているので、こうした言葉を使うことでセンスを発揮するのもいいでしょう。

▽光彩を放つ：この言葉も「水際立つ」や「汀まさる」と同じ意味合いです。「光彩」とは、きらきらと輝く美しい光。「光彩を放つ」では〝才能などがすぐれて目立っている様子〟をいいます。

夏目漱石の『明暗』には「彼のこの話術は、その所有者の天から禀《う》けた諸諠趣味のために、一層派出な光彩を放つ事が屢《しばしば》あった」という表現が見られます。

群を抜いて目立った様子を表わしています。

51　えも言われぬ　えもいわれぬ

〝言葉で言いようもない〟という意味で、「えも言われぬ趣がある」というような言い方をします。直截的《ちょくせつ》に「うまく言葉にはできませんが……」と言う人もいますが、それと同じように言葉にできない感動を表現しています。

「得も言われぬ」と漢字が当てられることもありますが、平仮名で書いたほうが無難です。「絵」ではありません。

この言葉は〝程度が甚だしい〟という意味なので、必ずしもほめているとは限りません。「えも言われぬ味」などと言ったときは、いい意味でも悪い意味でも言葉にできない味ということになります。

■言葉の使い方に注意！

「えも言われぬ」と似た意味をもつ言葉としては、「筆舌《ひつぜつ》に尽くし難《がた》い」、「言語に絶する」が挙げられます。

どちらも文字どおり〝言葉で表現できない〟という意味です。ただし多くの場合、悪い意味でひどいありさまを指して使います。

悪い意味でしか使われないわけではありませんが、ほめ言葉として使うなら「えも言われぬ」にするのがいいでしょう。

52　惜しむらくは　おしむらくは

純然たるほめ言葉ではありません。

この言葉は文字どおり〝惜しいことには……、残念なことには……〟という意味です。多くの場合、「彼はなんでもこなせる人間だが、惜しむらくは字が下手だ」というように使います。

要するに、ほとんどの部分は素晴らしいけれども、唯一こういう欠点がある、という言い回しになるわけです。

「惜しむらくは」のあとに続く欠点が小さなものであるほど、相手をほめていることになります。

■言葉の使い方に注意！

否定しているのに全否定ではない言葉として馴染み深いものに「イマイチ」があります。

もともと正しい言葉ではなく、「いまひとつ」の「ひとつ」が「イチ」に変化したものです。「いまひとつ」は〝完全というには少し欠けたところがある状態、期待をわずかに下回った結果〟を指します。否定ではあっても及第点だという見方もできますが、誤解を受けやすいので、ほめ言葉としては使うべきではないでしょう。

53　映える　はえる

周囲のものと対比して〝ひときわ美しく目立って見えるさま〟、あるいは、明るい光に照らされて〝輝くさま〟を表わす言葉です。風景でも服装でも料理でも絵でも、「この色が映えていますね」などという言い方ができるので、使い勝手のいいほめ言葉です。「見《み》映《ば》えがする」＝見た感じがいい、という言い方もあります。

「栄える」、あるいは「生える」と書いても「はえる」と読みます。栄えるは盛んになる、生えるは芽などが出るという意味ですが、光に照らされて育つということからきている同系統の言葉です。

■やまと言葉がブームに？

写真映えする景色を、「ばえる」と表現することはすっかり一般化しましたね。

「見映えがする」という元の言葉もやまと言葉ですから、やまと言葉は現代のブームを表現するのにも適していると言うことができそうです。

皆が共通して思っていることを、少し浮き立たせて表現できるためかもしれません。
やまと言葉の語彙が豊富な人は、礼儀正しく品がよい印象を周囲に与えます。

54　目もあや　めもあや

〝きらびやかで正視できないほど美しいさま〟を表わす言葉です。「目もあやな振り袖《そで》姿」と言えば、圧倒的な美しさをほめる表現です。以前は男女を問わずに形容しましたが、今ではどちらかというと女性をほめるときに用いられるようになっています。

『源氏物語』にも「目もあやに、いみじき天人の天降れるを（きらびやかで素晴らしい天女が天降ってきた）」というくだりがあります。

最近は、美しいもの、貴重なものを見られた幸せ、目の保養になったことを意味する言葉として「眼福《がんぷく》」も使われます。

■言葉の使い方に注意！

「目もあや」には〝意外で驚きあきれるさま。見ていられないほどひどいさま〟という意味もあります。要するに、素晴らしすぎる、ひどすぎるという両極端のケースで直視できない状況を示す言葉だということです。「あまりの惨敗ぶりに目もあやになった」などといった使い方をします。シチュエーションによってどちらの意味なのかはおよそ判断できるとはいえ、逆の意味にとられる可能性はあるので注意が必要です。

55　見目麗しい　みめうるわしい

「麗《うるわ》しい」は、よく整っていて美しいという意味。「見目麗しい」では〝容貌（＝顔かたち）が整っていて美しい〟という意味になります。端整な美しさをほめるときに使う言葉であり、最近は男性に対してもこの言葉を使うことが増えています。基本的には派手な人というより、顔立ちがきれいな人に使う表現ですが、もともとは建物や景色を評する際にも使われていた言葉で、男性に対して使うのは間違いではありません。

■与謝野鉄幹も使っていた！

与謝野晶子《よさのあきこ》の夫で歌人の与謝野鉄幹《てっかん》が書いた詩に「妻をめとらば　才たけて　みめうるはしく情《なさけ》ある」と始まる『人を恋ふる歌』があります。作曲者はわからないようですが、節もつけられている有名な歌です。訳すまでもないでしょうが、「妻を迎えるなら、才能があって、美しくて、心のやさしい人がいい」ということです。鉄幹の質実剛健な作風は、「ますらおぶり」と呼ばれました。

56　なよやか

〝しなやかでやわらかなさま〟、あるいは〝やわらかくて、なよなよしているさま〟です。言葉とは微妙なもので、前者であればほめ言葉でも、後者であればいい意味か悪い意味かが悩ましいところです。本来「なよなよ」も、しなやかでやわらかなさまを表わす言葉、「なよやか」は立派なほめ言葉です。

■谷崎潤一郎も使っていた！

谷崎潤一郎《たにざきじゅんいちろう》の『刺青』には次の表現があります。「瑠璃珊瑚《るりさんご》を鏤《ちりば》めた金冠の重さに得堪えぬなよやかな体を、ぐったり勾欄《こうらん》に靠《もた》れて……」。

絵に描かれた女性（紂王《ちゅうおう》の寵妃《ちょうひ》、末喜《ばっき》）の様子を書いた部分ですが、いかにも谷崎らしい表現です。金冠の重みにも耐えられないような体……ということで、か細いというニュアンスを含みながら、繊細で、はかない美しさをイメージさせます。

57 かぐわしい

漢字で表記する場合は「芳しい」、あるいは「香しい」、「馨しい」となります。

「かぐわしい」の他に「かんばしい」とも読み、〝雅《みやび》で上品な良い香り〟がすることです（かんばしいには、高く評価できる、という意味もあり、否定の語を伴った「芳しくない」という言い方で、良くない、おもわしくない、という意味になります）。

香りに限らず、〝美しく気品が高いさま〟を表現するときにも、この言葉が使われます。

「かぐわしい女性」といった言い方もできます。

■『万葉集』でも使っていた！

『万葉集』には次のような歌があります。

「見まく欲《ほ》り　思ひしなへに　かづらかげ　かぐはし君を　相見つるかも」

簡単にいえば、お会いしたいと思っていたところで、髪飾りをつけた、かぐわしいあなたにお会いすることができました、という意味です。

この場合のかぐわしいはやはり、気品が高く美しい人という意味です。
かぐわしいは、男女どちらに対して使ってもおかしくない、ほめ言葉です。

58　たおやか

たおやかの「たお」は「たわ（撓）」が音変化したものです。

この「たわ」は、「たわわ」や「たわむ」のたわです。木の枝に実がなるなどして力が加えられて、しなうさまです。そのイメージから察せられるように「たおやか」は、枝がしなうように物腰や態度がしなやかでやわらかい様子です。

〝ほっそりしている、動きがしなやか〟、あるいは〝態度や性質がしとやかで上品〟という意味で使います。この言葉からは歌舞伎役者の女形《おんながた》のしぐさなどが連想されるように、女性のやわらかさを称える、やまと言葉らしいほめ言葉です。

■言い換えでステップアップ
▽しめやか：ひっそりと静かな様子、悲しくしんみりした様子を表わす言葉です。「しめやかに葬儀が執り行われた」といった表現はよく耳にするのではないでしょうか。女性の容姿や態度がしとやかな様子も「しめやか」というので、たおやかに似た意味でも使えま

す。
▽ふくよか、ふくやか：程よくふっくらしていてやわらかく感じられる様子。ほめ言葉ですが、相手次第では怒られるかもしれません。

59　懐が深い　ふところがふかい

性別を問わずに使える言葉ですが、実際は男性に対して使われることが多いといえます。〝心が広くて包容力があること、幅広い分野の能力がある〟という意味です。「懐が深い人物」、「あの人はどんなことでも受け入れられる懐の深さがある」などといった使い方ができます。

「器が大きい」と意味は似ていますが、懐が深いのほうが〝情に厚い〟というニュアンスが強いといえます。

相撲では〝腕と胸のあいだを大きくとって、相手になかなかまわしを取らせないこと〟を「懐が深い」といいます。

■言い換えでステップアップ

▽清濁《せいだく》併《あわ》せ呑《の》む：やまと言葉ではなく故事成語ですが、「懐が深い」に似た意味の言葉です。文字どおり〝清流（＝善／正しい人）も濁流（＝悪／間違った人）も分け隔てなく受け

入れる〟ということで、それだけ心の広い人物を指します。

清（善）なる面と濁（悪）なる面のどちらもある人物という意味で使う人がいますが、使い方の誤りです。

60　いなせ

江戸っ子の気質を評する際などに使われることが多く、〝威勢がよく、さっぱりとして男らしいさま〟を表わす言葉です。

江戸時代の若者たちのあいだで「鯔背《いなせ》銀杏《いちょう》」と呼ばれる髪型が流行していたことからこの言葉が生まれたといわれています。「鯔背」とはボラの若魚であるイナの背に似ていたことから付いた名称です。

江戸時代には「いきな深川《ふかがわ》　いなせな神田《かんだ》　人の悪いは麴町《こうじまち》」という佃節《つくだぶし》もありました。その頃の神田には大工が多く住んでいて、いなせというのは気風《きっぷ》のいい大工を評するのにぴったりの言葉だからです。「よっ、いなせだね！」と言われるようになりたいものです。

■言い換えでステップアップ

▽粋《いき》…「いなせ」について「粋で、勇み肌で……」と説明される場合もあるように〝さっぱりした気立て〟のことです。〝垢《あか》抜けしている〟という意味もあり、身なりを評する際

にもこの言葉が使われます。〝風流に精通し、人情に篤《あつ》い〟という意味もあります。
反対語は「野暮」。
垢抜けしておらず、世情にうとく、人情の機微がわからないことです。

61　小気味好い　こきみよい

「小気味がいい」という言い方もします。〝行動や手際などが鮮やかで、見ていて気持ちがいい、痛快になる〟ことです。

「気味」（きみ・きび）はもともと、香りや味という意味で使われていましたが、〝気持ちや心持ち〟、〝何かの事態や物事から受ける感じ〟という意味でも使われるようになりました。

この表現はいろいろな場面で使うことができます。「小気味好い仕事ぶり」、「小気味好い話し方」、「小気味好く技が決まる」などといった言い方ができます。

■言葉を入れ替えると……

言葉の順番を入れ替えて「いい気味」にすると、途端に意味が変わります。この言い方は、ふだんからよく思っていない相手が何かで失敗したときなどに、胸がすっとする、という意味で、そんな気持ちになること自体、あまり気持ちがいいことではありません。

62 そつがない

〝手抜かりがない。ムダがない〟という意味です。ミスがないだけでなく〝無難にこなす、うまくこなす〟というニュアンスもあります。

「あの人はやることにそつがない」といえば、ジャンルは問わず大抵のことはうまくやる、という意味になります。ほめ言葉ではありますが、絶賛しているのかといえば、そうとは言いにくい面もあります。

こうした言葉からイメージされるのは「器用」、「器用貧乏」という見方もできなくはないからです。やることは及第点以上でも、飛び抜けてすごいと言っていることにはならないわけです。

■「そつ」って何？

そつがないの「そつ」は多くの場合、平仮名で表記されます。「卒」や「率」という字が当てられる場合もありますが、はっきり定められているわけではありません。また、

「そつ」と辞書で引けば、手抜かり、ムダなこと、などと書かれています。

この言葉に関しては、語源を探ろうとするよりも、「そつがない」という言葉で覚えてしまうのがいいでしょう。

63　折り紙つき　おりがみつき

ここでいう「折り紙」とは公文書や骨董《こっとう》などの鑑定書のことです。「折り紙つき」は〝鑑定書が付いているかのごとく、実力や品質が保証されるほど高い〟という意味です。

似た言葉に「お墨付き」があります。将軍や大名から領地などが保証されることで、やはり実力や品質が保証できるという意味です。折り紙つきの場合は「折り紙つきの実力」などというのに対し、お墨付きは「コーチのお墨付き」といった言い方をすることが多くなります。

……悪い評判については「札つき」といいます。

■言い換えでステップアップ

▽名に負《お》う：言葉どおり〝名前としてもっている〟ということで、〝その名とともに世間一般の評判だ〟という意味で使われるようになりました。『古事記』や『万葉集』などにも見られますが、今でも普通に使われる表現です。「名に負う名所」、「名に負う人物」な

といった言い方をします。
▽名にし負う：この場合の「し」は強調の副助詞です。

64　打てば響く　うてばひびく

鐘などを打ったときにすぐに音が響くことから〝働きかけに対して、すぐに反応があること。反応や効果がすぐにあらわれること〟をいいます。

命令や要求に対してスピーディに反応して、求めに応じた結果を出してくることをこの言葉で表現できるので、ビジネスシーンでもよく使われます。

「打てば響く受け答え」などといった言い方をします。

「打てば響くような人」といえば、能力が高いうえに対応力があるというニュアンス、役に立つ人です。現場で戦力になることを評価し、かなりほめられています。

■言い換えでステップアップ

▽目から鼻へ抜ける：頭の回転が速く、判断にすぐれていて抜け目がないことをいいます。どうしてこの言葉が生まれたかは、はっきりしませんが、目で見たものをすぐに鼻で嗅《か》ぎ分けるというように五感が連動していることがイメージされる言葉です。

▽つうといえばかあ：やはり反応がいいことを表現する言葉ですが、相手は特定されます。互いに気心が通じている、という意味です。

65　もったいない

考え方に共鳴した人々によって、世界共通語にしようという動きもある言葉です。

環境分野で初のノーベル平和賞を受賞したワンガリ・マータイさんは、日本語の「MOTTAINAI」に感銘を受け、環境を守る運動のキーワードにしました。

① 有用なのにムダにされて惜しい。

② 身に過ぎて畏《おそ》れ多い、かたじけない。

③ 不都合だ。

この三つが主な意味です。

この言葉をほめ言葉として挙げたのは、目上の人から何かをしてもらった際に「お心遣い、恐縮です（恐れ入ります）」という意味で、「お心遣い、もったいなく存じます」などという言い方ができるからです。「謦咳《けいがい》に接する」と同じように、こうした言い回しによって、目上の人間に対する敬意を示すことができます。

■言い換えでステップアップ

▽身に余る：好意や厚遇などが過分で自分にふさわしくない（分不相応である）、負担が大きすぎて自分の身には堪えられない、という意味です。「身に余る光栄」、「身に余る大役」などといった謙譲表現ができます。相手を上げて自分を下げる言い回しなので、相手に対して使う言葉ではありません。

▽身に過ぎる：「身に余る」と同じ意味の言葉です。

第五章　文豪に学ぶほめ言葉

言葉の達人たちが残してくれた作品は「最高の教科書」

文豪たちは言葉の達人です。

こんなにたくさんの言葉の使い方があったのかというくらい、さまざまな表現を使いこなしています。

谷崎潤一郎の作品を読めば、この先、日本人にこれだけの言葉を操ることのできる知性があらわれるのだろうか、とさえ思われます。川端康成や三島由紀夫《みしまゆきお》の作品を読んでいても、表現の底知れなさを感じます。

ある年代までは、それだけの文学的才能がひしめいていたということです。水村美苗《みずむらみなえ》さんも『日本語が亡びるとき　英語の世紀の中で』という本に「日本近代文学の奇跡」という章を設けて、どうしてこの時代にはこれだけすごい人たちが次々に出てきたのか、ということを書かれていました。

川端康成はノーベル文学賞を受賞しましたが、あの時代は他の日本の作家がノーベル賞を取っていてもおかしくありませんでした。ドナルド・キーンさんも日本の文学のレベルの高さに感動し、日本文学と日本文化の研究に生涯を捧《ささ》げられました。

文学の水準は、そのままその国の文化を示す、というのは不変の真理です。

シェイクスピアが英語を発展させ、ルターやゲーテがドイツ語の基盤をつくったように、夏目漱石や谷崎潤一郎、川端康成、といった文学者たちが、近代の日本語をつくりあげたといえるのです。

こうした天才たちはそれぞれに言語の可能性を徹底的に引き出しました。新しい言葉をつくってもいますが、それ以上に、既存の言葉を自在に使いこなし、眠っていた言葉を掘り起こしたことが後世に大きな影響を与えました。言語の可能性を極限まで追求するのが、文学者だともいえます。

川端康成の『伊豆の踊子』『山の音』『千羽鶴』は、ストーリーだけではなく、日本語がもつ宝石のようなきらめきを味わえる作品です。日本語のニュアンスが精妙です。

太宰治の『駈込み訴え』は、短い作品の中に相手をほめる言葉があるかと思えばけなす言葉もあり、感情の起伏がすさまじい作品です。ページをひらけばすぐに人物の心情に引き込まれてしまうのも、太宰治が卓越した日本語力の持ち主だからです。

芥川龍之介《あくたがわりゅうのすけ》の『蜘蛛の糸』と似た話がドストエフスキーの『カラマーゾフの兄弟』の中にもあります。二つのエピソードをくらべれば、『蜘蛛の糸』のほうが文学的にきらびやかで豊かな世界であるようにも感じられるのではないかと思います。繊細な感覚が息づいています。

文豪の作品を教科書にするのは、日本語の正しい学び方です。

相手をほめたり、緊迫した場を言葉でなごませたりするような場面も小説ではよく見られます。二人の登場人物のあいだで交わされる会話の中には、相手への気づかいが強く感じられる言葉などもあるので、心の機微も含めて学んでいくこともできます。

文豪の作品に日本語表現を学んで、それを次代につなげていく。

それは現代人の義務でもあります。

野球にしてもテニスにしても、名選手が初めて使った打法を他の選手が手本とし、時代が変遷していく中でその打法がスタンダードな技術になっていくということがあります。

同じように、日本語をより洗練されたものにしていくことが大切です。

一方で、新聞もまた教科書になるのはもちろんです。

新聞の日本語は、文豪の日本語とは正反対のところに位置するものです。他の解釈の余地はない文章で、必ずひとつのところに意味が定まるように書かれた、実用的な日本語の典型です。

新聞で実用的な日本語を学んで、文学作品から言葉の奥行きやニュアンスを学ぶ。どちらかだけでいいわけではなく、どちらも必要なことなのです。

文豪も使っていたイエス・ノー・イエス方式

文豪の作品を読めば、さまざまな発見があるはずです。そこで学んだ言葉や表現をそのまま使えるかは別にしても、応用が利きますし、現代的にアレンジして使うこともできます。

作品に限りません。**文豪の手紙も多く残されており、参考になります。**

たとえば夏目漱石が残した手紙のなかには『銀の匙』を書いた中勘助《なかかんすけ》に宛てたものがあり、こう書かれています。

「玉稿を見ました。面白う御座います」「ただ普通の小説としては事件がないから俗物は褒めないかも知れません」「私は大好きです」

玉稿《ぎょっこう》もほめ言葉で、相手の原稿を敬った表現です。

また、ここで抜き出した三カ所は、その流れが「イエス・ノー・イエス方式」になっているのがわかります。「ノー」と言っても、「俗物が読んだら事件がないので面白くないだろう」という意味ですが。

〝他の人（俗物）はほめなくても、私は大好きです〟

シンプルな言い回しだからこそ、その言葉に嘘がないように見え、伝わってくるものがあります。手紙を受け取った中勘助も喜び、さらなる創作意欲がかき立てられたにちがいありません。

こうした文面などは、現代でもそのまま使えます。

人をやる気にさせるほめ言葉の、わかりやすいかたちを漱石が教えてくれています。文豪のきらびやかな言葉だけでなく、知性ある心配りも学んでいきたいところです。それでは、文豪のすごい技を見てまいりましょう。

66 珍しさと品格の具《そな》わりたる文章と夫《それ》から純粋な書き振《ぶり》とにて優に朝日で紹介してやる価値ありと信じ候

夏目漱石が中勘助に宛てた手紙

あなたのものは大変面白いと思います。落ち着きがあって巫山戯《ふざけ》ていなくって、自然そのままの可笑味《おかしみ》がおっとり出ている所に上品な趣があります。それから材料が非常に新しいのが眼につきます。文章が要領を得てよく整っています。敬服しました。

ああいうものをこれから二三十並べて御覧なさい。文壇で類のない作家になれます。しかし「鼻」だけでは恐らく多数の人の眼に触れないでしょう。触れてもみんなが黙過するでしょう。そんな事に頓着しないで、ずんずん御進みなさい。群衆は眼中に置かない方が身体の薬です。

（一九一六年二月十九日）

夏目漱石が芥川龍之介に宛てた手紙

いずれの手紙にも、夏目漱石の、若い作家たちに対する素直な敬服を感じます。既に作家として多大な敬意を集めていた漱石から、このような手紙をもらったら、創作者としては発奮しないはずがありません。

中勘助に対しては、「朝日新聞で書評を出すだけの価値がある」と伝え、芥川龍之介に対しては、具体的に文章の良さをほめ、さらに二、三十という具体の指示を出しています。芥川はこれを受け、実行しています。

漱石からのメッセージは、二人の作家の創作の励みとなり、モチベーションを上げたことでしょう。同じ職業にある者からほめられる影響力は、大変大きいものです。

67 おれは美人の形容などができる男でないからなんにも言えないがまったく美人に相違ない

夏目漱石『坊っちゃん』

『坊っちゃん』の主人公が初めてマドンナを見たとき、その感動を見出しのように伝えています。

「自分には気の利いた表現はできないけれど、とにかく美人だ」と言っており、かえって、かなりの美人なのだろうな、と想像がふくらみます。

この言葉のあとは次のように続いています。「なんだか水晶の珠を香水で暖《あっ》ためて、掌へ握ってみたような心持ちがした」。……うまく形容できないと言いながら、実は洒落た表現をしているのが憎いところです。

■応用度の高い表現

坊っちゃん的な言い回しは応用が利きます。

何もわからない自分にもすごいということはわかる――という言い方によって、その人や作品の「凄さ」が表現されるからです。

「僕には絵のことなんてわからないんですけど、この絵がすごいということだけはわかります」といった言い方で、相手が描いた作品や相手が好きだという作品などをほめれば、誰でも悪い気はしないものです。

■小説は「ほめ言葉の教科書」

ミステリアスな色合いが強い漱石の作品に、『夢十夜』があります。この中では、夢に出てきた女性に対して「輪廓の柔らかな瓜実顔《うりざね》」「大きな潤《うるおい》のある眼」「透き徹《とお》る程深く見えるこの黒眼の色沢《つや》」などといった表現が用いられています。小説では、美人を美人とだけ書いて終わることはまずなく、何かしらの表現がなされています。そのため、漱石の作品に限らず、小説は「ほめ言葉の教科書」になるのです。

68 一行を読めば一行に驚き一回を読めば一回に驚きぬ

正岡子規の樋口一葉評

正岡子規は新聞連載していた随筆『松蘿玉液《しょうらぎょくえき》』の中で樋口一葉《ひぐちいちよう》の小説『たけくらべ』について見出しのように書いています。これも応用の利くほめ方で、弁舌の立つ人に対しては「ひと言ごとに驚かされる」、容姿がすぐれた人に対しては「ひとつの仕草ごとに息をのまされる」などと言えます。

『たけくらべ』を紹介する最初にはこうも書いていました。

「汚穢《おわい》山の如き中より一もとの花を摘み来りて清香を南風に散ずれば人皆その香に酔ふて泥の如し」。汚穢の中にあっても人を酔わせる香りを漂わせる花だというのですから、ものすごい絶賛ぶりです。

■応用が利くほめ方

とことん『たけくらべ』を称賛している正岡子規はこうも書いています。「西鶴を学んで佶屈《きっくつ》に失せず平易なる言語を以てこの緊密の文を為すものいまだその比を見ず」。

簡単にいえば、西鶴《さいかく》を手本にしていても文章が難解にはなっておらず、平易な言葉でこれだけ隙のない文章を書くというのはこれまで例がない、ということです。

「……なのに……じゃない」という言い回しもいろいろ使えます。

■これぞ、すごいほめ方！

正岡子規が『たけくらべ』について記した随筆はこう締め括られます。「一葉何者ぞ」。これまた最大級の賛辞といえるでしょう。少し言葉を現代風にすれば、「こいつはいったい何者なんだ！」となります。

何者とは正体のわからない相手を指す言葉ですが、こうした言葉の使い方をすれば〝理解の範囲を超えたすごいヤツ〟というニュアンスをもちます。

ほめるだけほめて最後にこう締める。すごいほめ方です。

■森鷗外もまたほめる

かの森鷗外《もりおうがい》も、樋口一葉の『たけくらべ』をほめています。「われは仮令《たとい》世の人に一葉崇拝の嘲を受けんまでも此の人にまことの詩人といふ称をおくることを惜しまざるなり」。

ひいきだと笑われようが、真の詩人と呼びたい……というのですから、こちらも応用の利く言い回しです。

子規や鷗外にこれほどほめられる樋口一葉とは何者なのか！

『たけくらべ』を読んでみたい、と思わせるだけの力をもつほめ方です。

69 彼という人間が凡《およ》そ次の様な場所に、僕を引入れて了《しま》った

小林秀雄『作家の顔』

評論の大家である小林秀雄《こばやしひでお》は『作家の顔』の中で川端康成について書いています。その最初には「川端康成という人は、決して人に尻尾を摑ませぬ男だ、とか、自分を人前に出さぬ人だとかいう評をよく耳にする」とあります。

世間の評価としては、正体を摑みにくい人間だというわけです。そこから話が逸《そ》れていき、そうなってしまったのは川端康成に仕向けられたようなものだとして、見出しの言葉を書いています。

小林秀雄らしい言い回しです。相手がいかに特別な人物であるかということを婉曲《えんきょく》的に伝える巧妙な表現です。

■評論における高等テクニック

『作家の顔』の中では「川端康成は、小説なぞ一つも書いてはいない」「彼が、二人の男、

二人の女さえ描き分ける才能を持っていないのを見給え」などとも書かれています。批判、暴論のようですが、そうではありません。最終的には、川端康成ほど「正銘の芸術家」、「作家」らしい生き方を全うしている者はいない……と読めるようなまとめ方をしています。小林秀雄ならではの文章の運び方です。

70 私にとっての小林秀雄とは、耐えられぬほどの羨望の的であった

山本七平『小林秀雄の流儀』

『「空気」の研究』で知られる山本七平《やまもとしちへい》は『小林秀雄の流儀』という評論集を残しています。小林秀雄への追悼文を依頼された山本七平はそれを引き受けてから、あらためて小林秀雄について考えます。

「私にとっての小林秀雄とは、耐えられぬほどの羨望の的であった。それは別に小林秀雄と同じ方向に行き、その亜流になりたいということではない」。

この部分だけを読んでも山本七平にとっての小林秀雄がいかに特別な存在であったのかがわかります。

「耐えられぬほどの羨望の的」などという言葉は、簡単には口にできないほど重みのあるものです。

■「並々ならぬ思い」が詰まった表現

「小林秀雄という人がいた。二十余年前、その人の生き方の『秘伝』を盗もうとした。いや盗んだと信じ、結局、その生き方を生きてきたと思えばもう十分である」

山本七平はこのようにも書いています。本全体を読めば、単純な賛辞でないのはわかりますが、小林秀雄にはそれだけ人生を左右されたということです。

このような存在を身近に持てることほど、幸運なことはありません。ありきたりな表現では届かない場合に、大いに参考になるでしょう。

71　小林秀雄を識《し》りたければ、彼の全集を読むより途《みち》はない

青山二郎『小林秀雄と三十年』

小林秀雄の骨董の師匠でもあった青山二郎《あおやまじろう》もまた小林について書いています。小林が骨董に興味を持ちはじめた「苦行時代」を振り返った文章です。その中では、「私はいま小林の癖を捕へようとしてゐるのではない」としたうえでこう書いています。

「小林秀雄を識《し》りたければ、彼の全集を読むより途《みち》はない。正論である。著者があれ程硬く信じて動じない彼の文学の他に、小林を探すことは無用である」

人を知り、人を語ることがどういうことかがよくわかる一文です。

■応用が利く、ほめ言葉

青山二郎の交友範囲は広く、詩人・中原中也《なかはらちゅうや》とも深い交流がありました。中原が早世すると、『追悼文』にはこう書いています。

「己れの力を愛すること、中原の様なのを、僕は未だ知らない」

中原中也ほど自分の力を信じていた者はいないというわけです。この言い回しも応用が利きます。「彼ほど……な人間を僕は知らない」といえば、突出した能力（特徴）があったことを示す言葉になります。

72 自分自身でおありなさい

中原中也の書簡

中原中也と小林秀雄には一人の女性をめぐって三角関係になっていた時期がありました。中原中也と同棲《どうせい》していた長谷川泰子《はせがわやすこ》が、中也のもとを離れて小林秀雄と暮らすようになったのです。そのことに中也は苦しみましたが、小林もまた泰子を残して家を出て行くことになります。

その後に中也は泰子に宛てて手紙を書き、「自分自身でおありなさい」と説いています。その中では「あんたのやうな純粋な人が、自分自身であり得たら、一番楽に何かが表現出来るのです」とも書いています。相手の資質を高く評価しているだけでなく、誠実な思いが伝わる言葉です。

■「愛」から生まれる、ほめ言葉

中原中也は泰子のことを書いている詩を多く残しています。『女よ』という詩などもそうでしょう。「女よ、美しいものよ、私の許《もと》にやっておいでよ。（略）どんなに私がおまえを愛すか、それはおまえにわかりはしない。けれどもだ、さあ、やっておいでよ、奇麗な無知よ（以下、略）」。小林秀雄も含めた三人の関係を知っていれば、深く心に沁みてくる詩です。「美しいものよ」という呼びかけも非常に力強いものです。

73 忽《たちま》ち天窓をひらいて爽やかな青空をみせてくれた

三島由紀夫の書簡

三島由紀夫と川端康成の関係は深く、二人のあいだでやりとりされた書簡は『川端康成・三島由紀夫　往復書簡』という本にまとめられています。三島は、川端の『抒情歌』を激賞する手紙も残しています。

「『抒情歌』の一句は、忽《たちま》ち天窓をひらいて爽やかな青空をみせてくれたのでございました。抒情歌のやうな真昼の幻想は我国では稀有のことと存じます」

このあとには「類ひない文学だと信じてをります」とも書いています。手放しのほめっぷりです。

■注目したい「締めの言葉」

この手紙における激賞ぶりは大げさにも見えるほどですが、それだけ感動が大きかったのでしょう。昭和21年の手紙では、こうも書かれています。

「『雪国』については、(この作品何度拝読いたしましたことか!)あまりに大きく高く、小さい私には牧童がいつかあの山へも登れるかと夢想する彼方の青いアルプの高峯のやうに仰がれるのみでございます」、「感動のあまり、無躾な妄言を申し並べました。どうぞお聞き流し下さいますやうに」

■関係性に合わせた相手の呼び方

三島由紀夫は川端康成を「川端さん」と呼んでいたようです。この手紙の途中では「貴下」と書いたうえで、わざわざ括弧書きで(かういふ粗雑な二人称をお恕し下さい)とも書いています。「貴下」とは〝同等または目下の相手に対する敬称〟なので、たしかに違和感はあります。三島の場合は意識的にこの言葉を選んでいるわけですが、こうした言葉の使い方には注意が必要です。

■三島由紀夫の有名な手紙

ほめ言葉ということからは少し外れますが、この書簡集の中でもっとも有名なのは、三島が自決の前に書いていた手紙です。「小生が怖れるのは死ではなくて、死後の家族の名誉です」、「死後、子供たちが笑はれるのは耐へられません。それを護って下さるのは川端さんだけだと、今からひたすら便り（頼り）にさせていただいてをります」。

死を決意した人間が後事を託せる相手は、特別な存在だけです。

74　使命がおわったとき惜しげもなく天へ召しかえした

司馬遼太郎『竜馬がゆく』

　さまざまな歴史上の人物を描いた司馬遼太郎《しばりょうたろう》ですが、その作品によって日本を代表するヒーローにまでなったのが坂本竜馬（龍馬）です。

『竜馬がゆく』の最後はこうまとめられています。

「天に意思がある。

としか、この若者の場合、おもえない。

天が、この国の歴史の混乱を収拾するためにこの若者を地上にくだし、その使命がおわったとき惜しげもなく天へ召しかえした」

時代を変えるほどの事績を成し遂げた人間に対する、惜しみない賛辞です。

■「奇蹟」というほめ言葉

吉田松陰《よしだしょういん》と高杉晋作《たかすぎしんさく》を中心に幕末を描いた『世に棲む日日』の冒頭では、長州藩が新しい時代をまねきよせる主導勢力になったのは「松陰以後」のことだとして、松陰がそれだけの役目を果たしたことについて、こう書いています。

「こういう若者が地上に存在したということじたいが、ほとんど奇蹟に類するふしぎさというよりほかない」

存在そのものが奇蹟《きせき》というのですから最上級のほめ言葉です。

75　かれの大きさとは、そんな程度のものではない

吉川英治『新書太閤記』

吉川英治《よしかわえいじ》も歴史小説の大家です。『新書太閤記』の序では、豊臣秀吉《とよとみひでよし》について、まずこう評しています。

「日本人の長所も短所も、身ひとつにそなえていた人。それが秀吉だともいえよう。かれの長所をあげれば型のごとき秀吉礼讃が成り立つが、その方は云わずもがなである。われわれが端的に長所をかぞえたてたりすれば、かえって彼という人間の規格は小さくなる。かれの大きさとは、そんな程度のものではない」

長所を挙げて礼賛するだけでは足らない人物……。途方もないスケールの大きさがイメージされる言葉です。

■偉人を形容する言葉

宮本武蔵《みやもとむさし》人気を不動のものにしたのも吉川英治でした。『宮本武蔵』のはしがきにはこ

うあります。

「宮本武蔵のあるいた生涯は、煩悩と闘争の生涯であったといえよう」、「かかる人間宿命を、一箇の剣に具象し、その修羅道から救われるべき『道』をさがし求めた生命の記録が彼であったのだ」

……宮本武蔵はただの剣客ではなく求道者である。そのことを明確に定義して印象づけた言葉です。

76　哲学的な省察は、君の今日の素敵な着こなしによく似合っている

村上春樹『色彩を持たない多崎つくると、彼の巡礼の年』

村上春樹《むらかみはるき》の言葉の使い方は絶妙です。たとえば『色彩を持たない多崎つくると、彼の巡礼の年』という作品の中で、主人公の多崎つくるは、つき合っている沙羅に対して見出しの言葉をかけています。相手の話（＝哲学的な省察）を受けてのものですが、言葉と服装をつなげて異性をほめることは、普通はなかなかできません。村上春樹作品の登場人物だからこそ口にできる言葉だといえますが、作品を読めば、相手をしっかり観察していたからこそ、つくるがこうした感想を口にしたのだとわかります。

相手をよく見て、思ったことを口にする。見習いたいところです。

■「気に入る」という賛辞

つくるが沙羅と出会った際の印象についてはこう書かれていました。

「最初に会ったときから、つくるは彼女の顔立ちが不思議に気に入っていた。標準的な意

味での美人ではない。頬骨が前に突き出したところがいかにも強情そうに見えるし、鼻も薄く少し尖っていた。しかしその顔立ちには何かしら生き生きしたものがあり、それが彼の注意を引いた」。標準的ではなくても、気に入っているというところが大事です。

■深遠なる村上春樹ワールド

「完璧な文章などといったものは存在しない。完璧な絶望が存在しないようにね。」――。

これは村上春樹のデビュー作『風の歌を聴け』の最初の一行です。

偶然に知り合った「ある作家」の言葉として紹介されていますが、こんな言葉によって村上春樹が作家としての華々しいキャリアをスタートさせていた事実も興味深いところです。

〝完璧《かんぺき》なんかじゃなくてもいい〟という言い方も応用の利くほめ言葉になりそうです。

■想像力と比喩

村上春樹作品に見られる独特の比喩表現を挙げていけばキリがありませんが、『ダンス・ダンス・ダンス』の中の次の箇所などはよく取り上げられる例のひとつです。

「日焼けがたまらなく魅力的だ。まるでカフェ・オ・レの精みたいに見える。背中にかっこいい羽をつけて、スプーンを肩にかつぐと似合いそうだよ」

どんなほめ言葉を口にするのかは想像力次第だともいえそうです。

77　此の度《たび》は格別の御働き

向田邦子『父の詫び状』

飛行機事故でこの世を去った放送作家の向田邦子《むこうだくにこ》さんは、素晴らしい小説やエッセイを遺《のこ》しています。第一エッセイ集『父の詫び状』も名作で、表題作も傑作です。この作品では、転勤族の両親と離ればなれに暮らしていた女学生時代に両親が暮らす仙台《せんだい》を訪ねたことが回顧されています。そのとき来客が酔っぱらって家に残していった吐瀉物《としゃぶつ》の片づけをすることになり、帰京後に届いた父親からの手紙の中に、朱筆で傍線を引いてこう書かれていたというのです。「此の度《たび》は格別の御働き」。

娘に対する申し訳ない気持ちを抑えての見事なひと言です。

■「思い出」というほめ言葉

『父の詫び状』では、お父さんに関する記憶を振り返る場面が他にも何カ所かあります。

「子供の頃は憎んだ父の気短かも、死なれてみると懐しい」

「自分と性格の似ている私を可愛がりながらも、時にはうとましく思った父の気持が、此の頃やっと判るようになった」

短い言葉であっても故人への愛情が伝わります。

78 彼女はまるで神様が美しくこしらえた人形のような端整な外見をしていた

吉本ばなな『TUGUMI』

「確かにつぐみは、いやな女の子だった」

吉本《よしもと》ばななの代表作『TUGUMI』はこの一行から始まります。主人公はつぐみという病弱な少女で、物語はつぐみの従姉《いとこ》である私＝白河まりあの視点で描かれていきます。私はつぐみをこう評します。

「そう、つぐみは美しかった」「血管の浮くような細い腕や足はすらりと長く、全身がきゅっと小さく、彼女はまるで神様が美しくこしらえた人形のような端整な外見をしていた」。これだけのほめ言葉が並べられていくと、最初の一行さえほめ言葉に思えてくるから不思議です。

■心に沁みる「憎まれ口」

作品の最後にあるのは、まりあに宛てられたつぐみの手紙です。その中にはこう書かれています。

「おまえは本当に、どうしてそんなにマヌケなのに、きちんとした大きさでものごとを測れるのでしょう。不思議でなりません」

憎まれ口ばかり叩《たた》いていたつぐみからのほめ言葉です。最後のつもりで書いている手紙でさえ、憎まれ口なのが心に沁みます。

おわりに

ほめること、感謝すること

ここまで多くのほめ言葉を紹介してきました。

ほめ言葉のストックをたくさん準備しておけば、自分なりのこだわりや使い方、流行《はや》りの取り入れ方が見えてくるはずです。

最初は、ストックしたフレーズを順番に使い、少しずつ自分のオリジナルのほめ方を見つけていってください。

使用の際の注意点は、時代の感覚の変化です。美しさの表現や男女別のほめ言葉は、その当時の意味からズレていく可能性があります。ほめたつもりが、差別と取られる危険もあるので、時代の感覚には更新が必要です。

ほめ言葉に流行りすたりはありませんが、誰もが知っている流行り言葉はポジティブなイメージを共有しやすく、ほめ言葉に取り入れると非常に大きな効果を得られることがあります。

有名人やスポーツ選手、あるいは一般の人が発した言葉が、瞬間的に大流行りし、老若男女誰もが口にし始める瞬間があります。流行り言葉は皆が共感や賛同をし、言葉のコンテストの当選作のようなものです。

たとえば最近流行った「エモい」は若者のほめ言葉です。「心がゆさぶられて、何とも言えない気持ちになること」で「emotional」が由来です。

年配の人間が、流行り言葉や若者言葉を使わないほうがいいという意見もありますが、私はあまり気にしていません。

引用は文化の基本でもあります。世間の流れに乗って笑い合えば、場はなごみます。**言葉は生きものです。**必要性ある言葉は使われ続け、そうでなければ死語になっていく。**今、使われている言葉を使うことは、その時代を生きている証明にもなります。**

「生き様」という言葉も、実は「死に様」という言葉から発展して使われるようになった表現です。この語を誤用だという人もいますが、こうした言葉をこだわりなく使うかどうかは人次第です。イチロー選手は、引退会見の際に「生き様」を問われて、「生き様というのはよくわからないですけど、生き方というふうに考えれば……」と答えていました。私には、イチロー選手のこうした言葉へのこだわりが、格好良く見えたものです。

バスケットボールの神様と呼ばれるマイケル・ジョーダンも最初から神だったわけではありません。一九八五―八六年シーズンのジョーダンは開幕後すぐに骨折し、不本意なシーズンを送りました。それでもプレーオフの一回戦に出場すると、「1試合63得点」という大活躍をしてみせたのです。その試合後、対戦したセルティックスのラリー・バードは「神が今夜、試合に来て、マイケル・ジョーダンという名でプレーしていった」とコメントしました。

そのまま訳しても詩的な表現ですが、「あれはマイケル・ジョーダンの姿をした神だ」と端的に伝播《でんぱ》し、以来、ジョーダンは神と呼ばれるようになりました。

サッカー界の伝説的存在、ペレは「王様」と呼ばれました。

「神」「王様」と呼ばれるには、オンリーワンである必要がありますが、ある閾値《いきち》を越えた才能にふさわしいほめ言葉です。

『氷川清話』の中で、坂本龍馬が西郷隆盛を「なるほど西郷というやつは、わからぬやつだ。少したたけば少しく響き、大きくたたけば大きく響く。もしばかなら大きなばかで、利口なら大きな利口だろう」と評しています。

現代でも「バカか天才かわからない」という言い方をすることがあります。言い方は微妙でも〝大物〟であることを認める言葉です。

勝海舟《かつかいしゅう》は龍馬の言葉を受けてこう書いています。

「坂本もなかなか鑑識のあるやつだよ」「西郷におよぶことのできないのは、その大胆識と大誠意とにあるのだ」

龍馬のことを「見る目がある男」とほめ、西郷のことは「大胆識と大誠意において抜けている」とほめています。大胆に見極める力と、大が付くほどの誠意ということでしょう。

相手を喜ばせることができたなら、それはほめ言葉です。

そのようにして多くの人を笑顔にできるのが、「生きた言葉」です。

海舟も龍馬もやりとりの達人だったのです。

達人たちは、相手に合わせて話題をもちかけ、言葉を変えていきます。相手を気持ち良くさせるのに必要なのは、**「予習力」**であり**「共感力」**です。

「人柄」も大切です。人柄は、気質だけでなく社会性でもあります。

現上皇は、二〇一八年十二月、天皇として最後の誕生日を迎える前に開かれた記者会見で、このようにおっしゃいました。

「私は成年皇族として人生の旅を歩み始めて程なく、現在の皇后と出会い、深い信頼の下、同伴を求め、爾来この伴侶と共に、これまでの旅を続けてきました」「自らも国民の一人であった皇后が、私の人生の旅に加わり、六十年という長い年月、皇室と国民の双方への献身を、真心を持って果たしてきたことを、心から労《ねぎら》いたく思います」

多くの日本人が心打たれた言葉です。

このとき陛下は「私はこれまで象徴としての私の立場を受け入れ、私を支え続けてくれた多くの国民に衷心より感謝するとともに……」という国民への謝意を伝えてくださいました。私たちが天皇のお立場で物事を考えることはできませんが、一般の立場でも、伴侶《はんりょ》や周囲の人に対する感謝やいたわりの言葉は忘れないようにしたいものです。

私は『水曜日のダウンタウン』というテレビ番組で、ボディビルダーの大会で応援する側がかける言葉を、判定する役として呼ばれたことがあります。

「いい血管出てるよ」「腹筋板チョコ！」など、掛け声のユニークさを競うようなところがあり、見ているだけで楽しくなりますし、面白いほめ方の参考になると思います。

ネットを見ているだけでも、上手なほめの事例を見つけることができます。ボディビルダーの大会もそうですし、WBCのキャンプで、ダルビッシュ選手が山本由伸《よしのぶ》選手に対して「（山本の球は）全部すごいですよ。ブルペンでも球速もしっかり出ていますし、縦のホップ成分というのもしっかりありますし、シュートであったり、そのところの投げ分けもしっかりできている」と絶賛したことからも、具体的なほめ方を学ぶことができます。

先輩が若手をほめるのは後押しになりますし、頂点を極めた選手が後輩をほめると尚その効果は大きいのです。ほめられた側は勇気が出ますし、外から見ていても、ほめた側の人間が大きく感じられますね。実際、他人をほめることで、自分が大きくなるものです。人間の器は、練習によって大きくなるのです。

嫉妬は競争の原動力ですから一概に悪いものとも言えませんが、人を引きずり下ろすところまでいくと、マイナスのエネルギーでしかありません。嫉妬の炎が自分の中でめらめらしてきたときは、「ほめ」で沈火しましょう。特に歳をとってくると、嫉妬を反転させてほめるほうが結果は良好になるものです。

現代は、傷つきやすい人が増えていますから、敢えて人を傷つける方向に口火を切る必要はありません。タレントの関根勤《せきねつとむ》さんが「僕は守護神でいたい」とおっしゃっていましたが、人をはげまし見守る人が周囲にいれば、自信はつきやすいものです。私には十人、親戚のおばさんがいましたが、彼女たちのほめ言葉のシャワーのおかげで、子どもの私は自信を身につけることができたという実感があります。

ほめ道を歩んでいくと、人間も自然と大きくなります。

社会の中で揉《も》まれて、言葉を覚えて、気づかいを技化《わざか》していくことで、人柄は形成されていきます。何歳からでも間に合いますし、元手もかかりません。

人を「上手にほめる技術」の習得に励み、人間関係を良好に保つコツをつかみ、感謝といたわりを育《はぐく》んでいただければと思います。

最後に私の実践例を。先日ダイアンの津田《つだ》さんのほめ言葉「ゴイゴイスー」（すごいの意）を御本人から直接使用の公認を頂き、さっそく翌日に講演会で、聴衆の皆さんへのほめ言葉として使わせてもらいました。軽めですが、ウケました。

「ほめる門には福来《きた》る」です！

参考文献

夏目漱石『坊っちゃん』　角川文庫　二〇〇四年五月
正岡子規『松蘿玉液』　岩波文庫　一九八四年二月
小林秀雄『作家の顔』　新潮文庫　一九六一年八月
山本七平『小林秀雄の流儀』　文春学藝ライブラリー　二〇一五年十二月
青山二郎「小林秀雄と三十年」『小林秀雄対話集』講談社文芸文庫　二〇〇五年九月
吉田熈生、佐々木幹郎ほか編「新編　中原中也全集」角川書店
『川端康成・三島由紀夫　往復書簡』新潮文庫　二〇〇〇年十一月
司馬遼太郎『竜馬がゆく』　文春文庫　一九九八年十月
司馬遼太郎『世に棲む日日』　文春文庫　二〇〇三年三月
吉川英治『新書太閤記』　吉川英治歴史時代文庫　一九九〇年五月

参考文献

吉川英治『宮本武蔵』　新潮文庫　二〇一三年二月
村上春樹『色彩を持たない多崎つくると、彼の巡礼の年』　文春文庫　二〇一五年十二月
村上春樹『風の歌を聴け』　講談社文庫　二〇〇四年九月
村上春樹『ダンス・ダンス・ダンス』　講談社文庫　二〇〇四年十月
向田邦子『父の詫び状』　文春文庫　二〇〇六年二月
吉本ばなな『TUGUMI』　中公文庫　一九九二年三月

構成協力　内池久貴

齋藤　孝（さいとう・たかし）
1960年静岡県生まれ。明治大学文学部教授。東京大学法学部卒。同大学大学院教育学研究科博士課程等を経て現職。『身体感覚を取り戻す』（ＮＨＫ出版）で新潮学芸賞（2001年）、『声に出して読みたい日本語』（草思社）で毎日出版文化賞特別賞（2002年）受賞。同作はシリーズ260万部のベストセラーに。他著書に『読書力』『コミュニケーション力』（岩波書店）、『理想の国語教科書』（文藝春秋）、『上機嫌の作法』『語彙力こそが教養である』『究極　会話の全技術』『親子で楽しく考える力が身につく！　子どもの語彙力の育て方』（KADOKAWA）等多数。ＮＨＫ Ｅテレ「にほんごであそぼ」総合指導。

上手《じょうず》にほめる技術《ぎじゅつ》

齋藤《さいとう》　孝《たかし》

2023年 5月 10日　初版発行

◇◇◇

発行者　山下直久
発　行　株式会社KADOKAWA
〒102-8177　東京都千代田区富士見 2-13-3
電話　0570-002-301（ナビダイヤル）
装丁者　緒方修一（ラーフイン・ワークショップ）
ロゴデザイン　good design company
オビデザイン　Zapp!　白金正之
印刷所　株式会社暁印刷
製本所　本間製本株式会社

角川新書

ISBN978-4-04-082478-9 C0295